VOTRE ARGENT :
GÉRÉZ MIEUX, GAGNEZ PLUS !

DU MÊME AUTEUR

Aux éditions Robert Laffont

Un trader ne meurt jamais, 2009
Pour tout l'or du monde, 2010
Sauvez votre argent !, 2011
Immobiliez-vous !, 2012
Sauvez votre retraite !, 2013

Aux éditions Stock

Faites sauter la banque !, 2014

Aux éditions François Bourin

Tu seras un homme riche, mon fils !, 2005

MARC FIORENTINO

VOTRE ARGENT : GÉREZ MIEUX, GAGNEZ PLUS !

Robert Laffont

ISBN 978-2-221-13902-8
Dépôt légal : avril 2018

À Laurence,
À Laura, à Samuel

INTRODUCTION

Si je vous dis Emmanuel Macron, loi de finances 2018, IFI (impôt sur la fortune immobilière), flat tax ou PFU (prélèvement forfaitaire unique), bitcoin, Brexit, fintech, robo-advisor, quantitative easing, Donald Trump, taux d'intérêt négatifs, Apple Pay, GAFAM, crowdlending, crowdfunding, monnaies virtuelles, API (interface de programmation applicative), banques mobiles, néobanques, paiement sans contact, millenials, économie de partage ou réseaux sociaux, n'avez-vous pas le sentiment qu'en quelques années le monde a changé, et en particulier le monde de votre argent ? N'avez-vous pas l'impression qu'il est impossible aujourd'hui de gérer son argent comme on le faisait il y a encore dix ans ?

Tout a changé.

Tout change.

Et tout va continuer à changer.

À une vitesse phénoménale.

Si vous restez bloqué à l'âge de pierre pour la gestion de votre argent, vous allez non seulement passer à côté d'opportunités mais vous risquez aussi de voir votre épargne subir des secousses sans précédent.

Or aujourd'hui, votre épargne est essentielle.

D'autant plus essentielle que les revenus de votre épargne vont devoir constituer une part substantielle de vos revenus globaux si vous voulez maintenir votre pouvoir d'achat ou encore assurer votre avenir et même votre retraite.

Ne pas gérer votre épargne, ne pas tenir compte de tous les changements majeurs qu'elle subit, pourrait avoir des conséquences extrêmement néfastes.

Vous devez donc comprendre les changements advenus et qui continueront à se produire dans le monde économique et financier, les assimiler, les intégrer et adapter en conséquence la gestion de votre argent.

Tout change.

Et c'est une chance pour vous de gagner plus d'argent avec votre argent… si vous gérez mieux !

PARTIE I

TOUT A CHANGÉ !

Tout a changé, dans le monde, en Europe
et en France, et tous ces bouleversements,
sans exception, ont une répercussion
sur la gestion de votre argent.
C'est une opportunité. Profitez-en.

1

LE MONDE A CHANGÉ

La fin des deux crises

Nous sommes sortis de la crise, nous sommes sortis des deux crises.

Il y en aura d'autres, c'est une certitude. Dans un an ou dix, nul ne peut le prédire, mais il y en aura d'autres.

D'ici là, réjouissons-nous : la crise des subprimes de 2008 avec la faillite de Lehman Brothers et la crise de la zone euro de 2010 avec la faillite de la Grèce sont bien terminées.

En 2008, le monde subissait un AVC économique et financier, la récession frappait le monde entier.

En 2010, la crise s'amplifiait avec la crise de la dette de la zone euro.

En 2018, cette page est tournée : tous les principaux pays du monde ont renoué avec la croissance.

Peut-être un peu trop vite même, peut-être avec trop d'enthousiasme, trop d'optimisme, trop d'inconscience surtout. Outre-Atlantique, on recommence déjà à faire les mêmes erreurs. Trump a, par exemple, décidé de supprimer ou d'alléger toutes les réglementations mises en place après la crise et qui avaient pour but de contraindre les banques à contrôler leurs activités à risque. Elles vont donc à nouveau pouvoir refaire tout et surtout n'importe quoi, et nous préparer la prochaine crise, mais c'est une autre histoire…

Après la crise, la seule priorité pour un épargnant, pour vous, était de « sauver son argent ». L'heure était à la panique. Il ne s'agissait même pas de limiter les pertes sur ses économies, mais de savoir si votre argent n'allait pas tout simplement disparaître, s'évaporer, du jour au lendemain, détruit par cette crise sans précédent depuis celle de 1929.

Rappelez-vous. Vous vous demandiez même si vous pouviez garder votre argent sur votre compte chèques et si votre banque, oui votre banque, celle dont vous ne vous souciez pas aujourd'hui, la BNP, le Crédit agricole, la Société générale, n'allait pas faire faillite. Certains d'entre vous m'interrogeaient pour savoir s'il valait mieux disperser son argent dans plusieurs banques pour profiter de la garantie du fonds de secours des banques à hauteur de 70 000 euros (100 000 euros aujourd'hui). À présent, qui parle de la faillite de la BNP ou de la Société générale ? Qui se précipite à la Poste pour transférer son argent en se disant que le gouvernement ne laissera jamais tomber ce service public ? En dix ans, tout a changé.

Le monde était au bord du gouffre.

Le système financier était au bord de l'explosion.

Les banques étaient en état de quasi-faillite.

Les banques ont été sauvées, le système financier a été sauvé, le monde a été sauvé.

Grâce aux États et à l'argent public, grâce à l'argent des contribuables, grâce à votre argent.

Et grâce aux banques centrales.

Elles ont fait *whatever it takes*, tout leur possible, pour sauver leurs économies et le système financier.

Elles ont baissé les taux d'intérêt à zéro, voire en dessous, et elles ont toutes injecté, gratuitement ou presque, des milliards de milliards de dollars, d'euros, de yens ou de livres sterling.

Cette transfusion massive de liquidités, d'argent, a permis, dans un premier temps, de stabiliser l'état du malade, l'économie mondiale puis, dans un deuxième temps, de relancer la machine.

	2006	2007	2008	2009	2010	2011	2012	2013	2014	2015	2016
États-Unis	2,7	1,8	-0,3	-2,8	2,5	1,6	2,2	1,7	2,4	2,6	1,6
UE	3,3	3,0	0,4	-4,4	2,1	1,7	-0,5	0,2	1,6	2,2	1,9
Zone euro	3,2	3,0	0,4	-4,5	2,1	1,5	-0,9	-0,3	1,2	2,0	1,7
Royaume-Uni	2,5	2,6	-0,6	-4,3	1,9	1,5	1,3	1,9	3,1	2,2	1,8
Allemagne	3,7	3,3	1,1	-5,6	4,1	3,7	0,5	0,5	1,6	1,7	1,9
France	2,4	2,4	0,2	-2,9	2,0	2,1	0,2	0,6	0,9	1,1	1,2
Japon	1,4	1,7	-1,1	-5,4	4,2	-0,1	1,5	2,0	0,3	1,2	1,0
Chine	12,7	14,2	9,7	9,4	10,6	9,5	7,9	7,8	7,3	6,9	6,7
Inde	9,3	9,8	3,9	8,5	10,3	6,6	5,5	6,4	7,5	8,0	7,1
Brésil	4,0	6,1	5,1	-0,1	7,5	4,0	1,9	3,0	0,5	-3,8	-3,6
Russie	8,2	8,5	5,2	-7,8	4,5	4,3	3,5	1,3	0,7	-2,8	-0,2

Évolution de la croissance économique des principales zones financières

Sources : Eurostat, OCDE, Banque mondiale

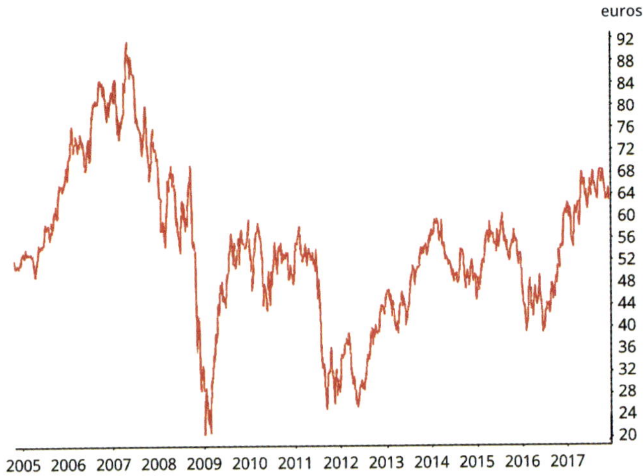

Cours de la BNP de 2005 à 2017

Source : investing.com

Cours de la Société générale de 2005 à 2017

Source : investing.com

Cours du Crédit agricole de 2005 à 2017

Source : investing.com

☛ **En 2018, la crise de la zone euro est officiellement terminée.**

Flash-back : la crise de la zone euro en dix dates

	**5 novembre 2009** – Le nouveau gouvernement de George Papandréou découvre des comptes publics maquillés et annonce un déficit de 12,7 %. Il lance des mesures de rigueur.
	**2 mai 2010** – L'UE s'accorde sur un plan d'aide de 110 milliards d'euros pour la Grèce accompagné de mesures d'austérité.
	**21 novembre 2010** – Plan d'aide européen de 85 milliards d'euros pour l'Irlande accompagné de mesures d'austérité.
	**5 mai 2011** – Malgré un plan d'austérité lancé en mars 2010, le Portugal demande une aide exceptionnelle de 78 milliards d'euros à l'UE et au FMI qui s'accompagnera de nouvelles mesures de rigueur.
	**4 décembre 2011** – Après la démission de Berlusconi en novembre, le nouveau gouvernement italien de Mario Monti adopte un troisième plan de rigueur : 24 milliards d'euros qui s'ajoutent aux 60 milliards votés pendant l'été.
	**21 février 2012** – Nouveau plan de sauvetage pour la Grèce à hauteur de 237 milliards d'euros et effacement de la moitié de la dette détenue par les créanciers privés (107 milliards).

	**9 juin 2012** – Plan d'aide européen à hauteur de 100 milliards d'euros pour l'Espagne. Nouvelles mesures d'austérité après celles lancées en 2010.
	**6 septembre 2012** – La BCE annonce un programme illimité de rachat de dettes des pays de la zone euro ayant du mal à se refinancer sur les marchés, notamment Chypre.
	**15 mars 2013** – L'Eurogroupe et le FMI s'accordent sur un plan d'aide de 10 milliards d'euros pour la Grèce en contrepartie de mesures d'austérité.
	**14 août 2015** – Accord entre l'UE et le nouveau gouvernement d'Alexis Tsipras sur un troisième plan de sauvetage à hauteur de 86 milliards d'euros accompagné de nouvelles mesures d'austérité pour satisfaire les créanciers.

Source : monfinancier.com

Aujourd'hui, la Grèce recommence à emprunter de l'argent sur les marchés, le Portugal affiche une forte croissance et sa dette passe de la catégorie spéculative à la catégorie investissement, l'Espagne a rebondi et parvient même à faire baisser un chômage qui avait atteint des niveaux dramatiques et l'Irlande redevient un dragon. Même la France va mieux…

Il n'y a plus de maillon faible en Europe.

Tous les pays de la zone euro, sans exception, ont affiché en 2017 une croissance positive.

La Banque centrale européenne, qui a maintenu les marchés financiers européens, les banques et l'économie de la zone sous perfusion massive de liquidités, commence même à envisager de réduire progressivement les doses de cette drogue monétaire qui a dopé la zone euro.

Néanmoins, les inégalités au sein de la zone euro restent importantes.

L'Allemagne écrase la zone avec des performances économiques époustouflantes, l'Europe du Nord et une partie de l'Europe de l'Est avancent dans son sillage. L'Europe du Sud va certes mieux, nettement mieux même, mais ses performances restent loin de celles de ses collègues du Nord et des dettes publiques abyssales continuent à peser sur le potentiel de rebond de la croissance.

Mais ne faisons pas la fine bouche, l'Europe va mieux, beaucoup mieux.

Cette crise de l'Europe, cette crise de l'euro, est terminée.

☛ **La fin des deux crises mondiales, le retour de la croissance et le changement possible de politique monétaire des banques centrales ont et auront un impact sur votre argent.**

Deux évènements qui transforment la face du monde

En matière géopolitique aussi, tout a changé. Tout.

Deux évènements majeurs se sont produits au cours des deux dernières années. Deux évènements que nul n'avait anticipés, même pas les premiers concernés : l'élection de Donald Trump à la présidence américaine et la victoire du Brexit lors du référendum en Grande-Bretagne.

L'élection de Donald Trump

Trump a été le premier surpris de se voir élu président des États-Unis, j'en reste persuadé. Son impréparation et l'amateurisme de sa première année de mandat le prouvent : il ne cherchait pas à gagner mais seulement à valoriser la marque Trump, son obsession permanente. Probablement pour mettre la main sur un média et devenir dans ce domaine la référence conservatrice. Seulement voilà, il a gagné. Et malgré les rumeurs récurrentes d'*impeachment*, de destitution, il restera en place jusqu'en janvier 2021. Il doit se faire à cette idée et le reste du monde également.

Pas simple tant il est imprévisible. Après avoir attaqué la Chine pendant sa campagne, il est prêt aujourd'hui à tous les compromis. Après avoir fustigé Wall Street et les banquiers qui ont pillé l'Amérique, il s'est entouré des banquiers de

Goldman Sachs. La bonne nouvelle et la surprise ont été de découvrir à quel point la Constitution américaine limite *de facto* le pouvoir du président. Trump a été bloqué par un Congrès pourtant majoritairement républicain mais également par des juges. Une grande leçon d'humilité pour un homme qui n'en a pas une goutte.

Cependant, avec Trump, tout a changé car avec Trump tout, même le pire, devient possible. Il a menacé de rayer la Corée du Nord de la surface de la Terre, et déclaré à la tribune de l'ONU qu'une bonne partie des États membres étaient des États voyous, ce qui n'est pas totalement faux, certes, mais ni diplomatique ni franchement rassurant.

Un seul de ses tweets pourrait provoquer une guerre, une seule de ses déclarations pourrait générer une crise majeure.

Ses menaces de protectionnisme et de taxes aux frontières entraînent des secousses sans précédent, l'Europe se sent menacée, le Mexique ne s'est toujours pas remis de sa volonté de renégociation de l'ALENA, le traité de libre-échange de l'Amérique du Nord.

Cours du dollar en pesos mexicains depuis l'élection de Donald Trump

Source : investing.com

Sa réforme fiscale majeure avec une baisse d'impôts historique pour les sociétés et pour les particuliers adoptée en fin d'année 2017, le seul vrai succès de son début de mandat, a alimenté une hausse phénoménale des marchés boursiers américains et provoqué une pluie de records sur Wall Street tout au long de l'année 2017 : il faut dire qu'avec un taux d'impôt sur les sociétés passant de 35 % à 21 %, les entreprises américaines vont afficher en 2018 des profits en hausse de 10 % à 30 %. Ça fait rêver…

Évolution du Dow Jones depuis l'élection de Donald Trump

Source : investing.com

☛ **Trump a changé la donne. Et Trump a une influence sur votre argent.**

Le surprenant Brexit

Les Britanniques ont joué avec le feu, et ils s'y sont partiellement brûlés.

Ils n'étaient pas prêts pour le Brexit. Et ils ne le sont toujours pas.

Ils n'avaient aucune idée, en déclenchant ce référendum, de la suite des évènements.

Ils misaient sur les dissensions au sein du camp européen et pensaient même entraîner d'autres pays dans leur sillage afin de déstabiliser de fait toute l'Union européenne – une Union européenne dès lors en position de faiblesse et dans l'obligation de négocier.

Mais rien ne s'est passé comme prévu.

Le camp du Brexit a certes gagné les élections.

Mais le camp du Brexit en Grande-Bretagne est en totale déconfiture et ses leaders se déchirent pour tenter de masquer leur incompétence.

Évolution du Sterling en dollar avant et après le référendum sur le Brexit

Source : investing.com

Nul ne sait aujourd'hui si le Brexit sera *hard* ou *soft*, s'il y aura une période de transition de deux, trois ou quatre ans. Mais le Brexit a changé la face de l'Europe.

La première phase du Brexit a été achevée dans la douleur à la fin de l'année 2017 avec un accord sur la note à payer par la Grande-Bretagne à l'Europe, sur la frontière entre les deux Irlande et sur les droits des citoyens européens résidant en Grande-Bretagne. La phase 2 commence, la phase de négociation commerciale. Et elle sera rude.

Divine surprise, l'Union européenne est restée plus unie que jamais et parle d'une seule voix. L'Europe qui parle d'une seule voix, c'est suffisamment rare pour être souligné. Merci donc aux Britanniques : ils ont renforcé l'Union européenne.

☛ Le Brexit est un facteur de risque pour la Grande-Bretagne, bien sûr, mais il a des conséquences directes sur l'Europe aussi. C'est donc un facteur important pour votre argent.

Bouleversement du contexte géopolitique international

La métamorphose de la Chine

Là encore, difficile de s'y retrouver.

En quelques années, tout a changé pour la Chine. À commencer par son modèle de développement.

Après la crise qui l'a aussi frappée de plein fouet, la Chine s'est rendu compte de la fragilité de sa croissance qui dépendait quasi exclusivement de ses exportations. Les dirigeants chinois ont donc décidé de modifier profondément le modèle du pays. Et de favoriser la consommation intérieure. En permettant une hausse sensible des salaires et donc une perte de compétitivité à l'exportation.

La Chine a accepté la baisse de la croissance que ce changement de modèle entraîne.

Après avoir surfé sur des croissances moyennes supérieures à 10 %, elle se contente aujourd'hui d'une croissance de 6,9 %.

La Chine profite également de la présidence Trump pour entrer de plain-pied et du bon pied sur l'échiquier politique international. Tandis que Donald Trump se pose en chantre du protectionnisme et de l' « *America First* », le président chinois Xi Jinping débarque au sommet hautement capitaliste de Davos pour défendre le libre-échange. Et quand Trump annonce qu'il se retire de l'accord de Paris sur le climat, la Chine fait de la lutte contre la pollution et de l'environnement une priorité.

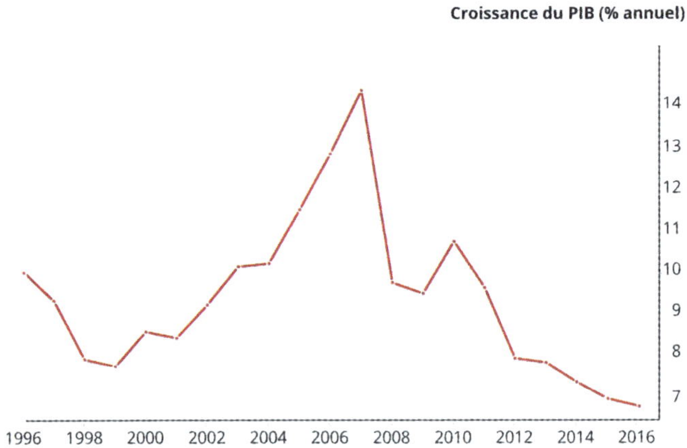

Évolution de la croissance chinoise sur 20 ans

Sources : Banque mondiale, OCDE

On croit rêver. Un changement radical. De communication certes, mais pas seulement. Un changement en profondeur et qui impacte le monde.

La Chine veut devenir la première puissance économique mondiale. Fait inédit : le journal économique britannique *The Economist* a sacré le président Xi Jinping homme le plus puissant du monde. C'est la première fois qu'il ne s'agit pas d'un président américain.

☛ **La Chine bouleverse l'échiquier politique et économique mondial et aura un impact sur votre argent.**

La renaissance du Japon

J'ai toujours accordé beaucoup d'intérêt au Japon. Au-delà de ma passion pour les sushis et les films de Kurosawa… Pour moi, le Japon est le laboratoire vivant d'une expérience qui nous concerne de plus en plus et nous interroge : comment évolue économiquement un pays dont la population décroît à vue d'œil du fait de l'accélération du vieillissement de sa population ? L'évolution du Japon apporte un éclairage instructif aux pays de l'Europe vieillissante.

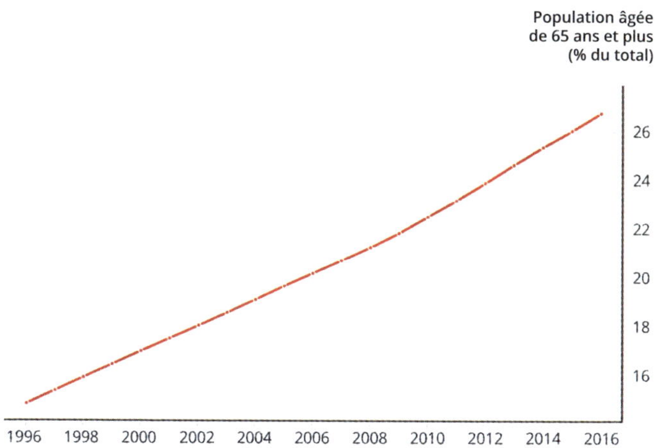

Le vieillissement de la population japonaise

Sources : Banque mondiale, OCDE

Le Japon se traînait depuis la fin des années 1980 dans une forme de léthargie massive qu'on pouvait mesurer par sa croissance, nulle, et par son inflation, négative. Le Japon était miné par les forces déflationnistes à l'œuvre.

Là encore, tout a changé.

Le Japon a réussi sa mue.

Et son Premier ministre Shinzo Abe a été largement réélu le 22 octobre 2017.

Il affiche le plus bas taux de chômage des pays développés : 2,8 %.

Il affiche une croissance largement positive : 1,7 % en 2017.

Le Japon est riche, très riche.

Si on ramène la richesse du pays au nombre d'habitants en déclin constant, on se rend compte de l'enrichissement individuel des Japonais.

Le Japon n'a pas fait le choix, comme l'Allemagne, de lutter contre le vieillissement de la population par l'immigration. Il a choisi d'opter pour des investissements massifs dans la robotique. Au Japon, le robot est l'avenir de l'homme.

La nouvelle jeunesse de la zone euro

Malgré sa sortie de la crise de la dette, la zone euro était l'objet de toutes les inquiétudes au début de l'année 2017. Entre des élections aux Pays-Bas qui devaient marquer la progression du parti d'extrême droite, les anticipations de possible victoire de Marine Le Pen ou Jean-Luc Mélenchon en France et la crainte de l'effet domino du Brexit, l'Europe, responsable de tous les maux aux yeux d'une grande partie de l'électorat, était devenue un sujet repoussoir chez la plupart des hommes politiques.

Tout a changé avec l'échec des populistes aux Pays-Bas, la victoire surprise d'Emmanuel Macron, résolument pro-Europe, et la réélection d'Angela Merkel pour un quatrième mandat (oui... un quatrième mandat, cela laisse songeur quand nos deux derniers présidents n'en ont fait qu'un seul et unique).

L'Europe est revenue au centre de l'échiquier international et même au centre des espoirs économiques. La croissance européenne, tant en zone euro que dans l'Union, a atteint son plus haut niveau depuis dix ans. C'est pas beau, ça ? On dépasse même parfois la croissance américaine ! Après des années de traversée du désert, les révisions de croissance sont systématiquement à la hausse. 2,3 % en zone euro pour 2017, 2,5 % dans l'Union européenne. Et des prévisions pour 2018 et

2019 qui restent au-dessus des 2 %. Une excellente nouvelle pour le chômage, une excellente nouvelle pour les comptes publics et donc une excellente nouvelle pour la dette.

En Allemagne, Angela Merkel a tout réussi. Oui, je sais ce que les jaloux et les aigris reprochent à l'Allemagne, mais quand je vois un pays en plein emploi, avec un excédent budgétaire (on ne sait plus ce que c'est en France depuis plus de quarante ans), un excédent commercial (ne parlons pas, par décence, du déficit commercial abyssal de la France) et une belle croissance, je me sens à l'aise pour affirmer qu'en douze ans, Merkel a « fait le job » et tout réussi. Il lui reste encore à gagner l'incroyable pari qu'elle a fait en accueillant plus d'un million de réfugiés, un pari qui a ouvert grand les portes du Parlement au parti d'extrême droite AFD, mais elle va le remporter.

Dès lors, elle peut depuis le début de ce quatrième mandat se consacrer à l'Europe. La renforcer. La doter de plus de moyens. Au profit des Européens. Son quatrième mandat est européen, d'autant plus que le couple franco-allemand est redevenu extrêmement soudé après des années de flottement. Investissements européens massifs, création d'un poste de ministre européen des Finances et de l'Économie, regroupements industriels, tout est possible.

☛ **La zone euro retrouve une seconde jeunesse. Et ça, ça change tout.**

Les pays émergents ont aussi évolué

Vous rappelez-vous les BRICS, cet acronyme marketing imaginé en 2001 par la banque d'affaires américaine Goldman Sachs pour mettre dans un même panier les principaux pays émergents : Brésil, Russie, Inde, Chine et Afrique du Sud ?

Il a fallu quelques crises, économiques et politiques, pour qu'on comprenne que les pays émergents ne formaient pas un bloc homogène, mais recouvraient une multitude de situations spécifiques. La Russie a chèrement payé sa dépendance au pétrole, le Brésil a souffert d'une crise politique sans précédent, l'Inde a réussi un virage économique majeur après l'électrochoc de la démonétisation de plus de 80 % des billets en circulation en novembre 2016, l'Afrique du Sud tente de surmonter son instabilité politique. Le contraste entre les taux de croissance en 2017 de ces différents pays illustre l'explosion d'homogénéité des pays émergents : 0,7 % au Brésil, 1,1 % en Afrique du Sud, 1,8 % en Russie, 6,6 % en Inde et 6,8 % en Chine. Si les chiffres sont exacts, ce qui reste à prouver.

La Chine continue à peser fortement. Quand elle éternue, les pays émergents s'enrhument. Principalement du fait de son impact sur le cours des matières premières. Quand la Chine ralentit, le cours des matières premières baisse et les pays émergents producteurs de matières premières sont sous pression.

Le pétrole, justement... Là encore, tout a changé et ça nous touche de très près.

En mai 2008, le baril de pétrole dépassait les 120 dollars, un doublement en un an, et beaucoup de prévisionnistes envisageaient un prix de 200 dollars à court terme mais beaucoup plus élevé à moyen terme. Et à long terme, le pétrole n'aurait pas de prix, car il n'y en aurait plus...

Depuis, le pétrole s'est effondré. 26 dollars au plus bas en février 2016. Pourquoi ? Parce que les États-Unis ont inondé le marché de leur pétrole de schiste et ont modifié structurellement et durablement les équilibres sur le marché.

L'Arabie saoudite a dû prendre la tête d'une croisade pour tenter de renverser la tendance en limitant la production de l'OPEP, en commençant par sa propre production. Elle est parvenue à stabiliser les cours au-dessus de 50 dollars pendant une bonne partie de l'année 2017, avant une envolée des cours vers les 70 dollars.

☛ **Des cours du pétrole dépend en partie l'inflation et l'inflation, c'est important pour votre argent.**

Démographie et technologie

J'ai deux obsessions. Au moins. La démographie et la technologie. Ce sont les éléments déterminants de l'évolution de l'économie mondiale. Je suis intimement persuadé que même sans les subprimes et même sans la Grèce, nous aurions subi une crise dans la période 2008-2010. D'une part du fait de la démographie et de la transformation des baby boomers en papy boomers. D'autre part, à cause de la révolution technologique, génératrice d'une déflation massive comme le montre la faible inflation aujourd'hui encore dans les pays développés, malgré la masse de capitaux qui a été injectée par les banques centrales.

La démographie et la technologie évoluent et elles changent le monde, nos vies et notre argent.

Une population vieillissante

La démographie a changé et elle a tout changé.

Les baby boomers partent à la retraite, la proportion des seniors et des retraités explose dans le monde dit « développé ». Même en Chine. Et ce sont ces pays qui font l'économie mondiale.

L'allongement de la durée de vie est spectaculaire. C'est une révolution. Totale.

Les pays développés vieillissent vite. Et longtemps. C'est récent, le mouvement s'accélère et cela change tout.

Le fossé entre générations s'élargit et c'est paradoxal à un moment où la perception d'âge pour les seniors est de plus en plus floue. Ils se sentent plus jeunes de dix ans en moyenne que leur âge réel. Cela devrait les rapprocher des jeunes, mais les intérêts économiques des différents groupes d'âge sont différents, parfois opposés voire conflictuels.

Les jeunes trouvent que les baby boomers cumulent un taux important de détention de l'épargne totale et des revenus de retraite très élevés par rapport à leurs propres espérances de retraite et même à leurs rémunérations d'actifs... quand ils ont un job. On aurait d'un côté les seniors nantis, de l'autre les jeunes démunis.

☛ **La démographie est un des facteurs clés de l'évolution de l'économie et des placements.**

Le tsunami technologique

On pourrait consacrer des ouvrages entiers à ce seul sujet. Et beaucoup le font avec talent.

C'est une évidence : la technologie a tout changé.

Elle a transformé notre mode de fonctionnement au quotidien, elle bouleverse nos vies et elle change les règles de l'épargne car la technologie est entrée partout dans les circuits de l'argent.

Je déteste la techno-béatitude. Je déteste aussi la peur, la technophobie sous le prétexte que l'impact des progrès sera forcément négatif et que par son intelligence artificielle, la machine va remplacer l'homme.

J'ai une idée très arrêtée, comme toujours, sur le sujet : le progrès technologique est un tsunami. Impossible de l'arrêter et il serait vain de tenter de se mettre en travers. Il est là. Il va continuer à se développer. C'est un fait.

Pour autant, la technologie n'est pas uniquement porteuse d'espoir et de perspectives joyeuses.

Non, la machine ne va pas remplacer l'homme. Pas tout à fait. Mais elle pourra rapidement, très rapidement, effectuer toutes les tâches qui occupent des centaines de millions d'individus aujourd'hui.

Non, ce n'est pas la fin du travail. Pas tout à fait. Mais nous allons vivre une marginalisation du travail. Les plus optimistes appelleront cela « un rééquilibrage entre le travail, la vie privée et les loisirs », au détriment d'un travail humain dont le champ sera inéluctablement de plus en plus réduit. Mais c'est un fait. Il faut vivre avec.

Il est un peu tard pour revenir à la bougie et à la diligence.

☛ **En matière d'épargne, la technologie a tout changé et ce n'est que le début du début.**

Évolution majeure des mentalités

Je ne sais pas si ce sont uniquement la démographie et la technologie qui ont modifié les mentalités ou si les mentalités ont évolué et se sont nourries, partiellement, de l'évolution de la démographie et de la technologie.

Mais qu'importe.

La réalité est là.

Les mentalités ont changé.

Et avec elles la place du travail, le rapport à la propriété, le rapport à l'usage et même le concept de famille.

Et ça, ça change absolument tout pour votre argent.

AVANT, c'était simple : on étudiait, on commençait à bosser tout de suite après ses études pour gagner de l'argent, on ne se posait pas trop de questions sur le premier job, on n'avait ni le temps ni les moyens. On bossait plus de quarante ans dans deux ou trois boîtes différentes, on fondait une famille, voire deux, on mettait de l'argent de côté, on s'achetait sa résidence principale, éventuellement une résidence secondaire, on avait un livret A, un contrat d'assurance-vie, un peu d'immobilier locatif. On attendait sa retraite, on touchait une pension et en plus on avait le capital accumulé pendant les années de travail ininterrompu. Si on en avait suffisamment, on transmettait un peu d'argent de son vivant à ses héritiers. On mourait, vieux mais pas trop quand même, et les enfants, encore dans la force de l'âge, héritaient.

Mais ça, c'était AVANT.

AUJOURD'HUI on étudie. On réfléchit avant de bosser. On ne trouve pas forcément le job qui plaît. Alors on a, volontairement ou par nécessité, plusieurs jobs différents. En stage prolongé, en CDD, en temps partiel ou en indépendant. Même en CDI, on n'est pas assuré de garder son emploi ou même d'avoir envie de le garder. On se pose beaucoup de questions sur la vie, la mort, la place du travail (à quoi bon bosser toute sa vie comme un con pour attendre sa retraite et gâcher ses plus belles années ?), on cherche l'équilibre miracle entre la vie professionnelle, la vie privée et les loisirs. Ça tombe bien. Il y a de moins en moins de travail et de plus en plus de loisirs. On crée des start-up, on veut être entrepreneur pour être indépendant et ne pas avoir de boss. Du coup, on ne met pas vraiment d'argent de côté avant trente, voire trente-cinq ans. On croit encore un peu à l'achat de la résidence principale, mais pour le reste, la propriété c'est « has been ». On est dans une économie d'usage et de partage et pas dans une économie de propriété. Pourquoi acheter une voiture quand on a le covoiturage et les voitures électriques, les scooters ou les vélos à la location à l'heure partout ? Pourquoi acheter une résidence secondaire quand on a Airbnb ? Pourquoi mettre de l'argent de côté quand on n'en a pas assez pour couvrir ses dépenses et ses plaisirs, notamment ses voyages ? Plus tard, mais beaucoup plus tard, on pense quand même à sa retraite car de toute façon, avec la démographie, on aura de moins en moins de retraite par répartition. Mais on est sans illusion, il faudra bosser au moins jusqu'à soixante-dix ans car on va vivre cent ans, le problème c'est qu'on ne sait même pas s'il y aura encore du boulot quand on aura soixante-dix ans. Alors prévoir ? On ne peut rien prévoir.

Un sacré changement, non ?

Avant. – Aujourd'hui.

Deux mondes différents.

Une fracture totale.

La conséquence ?

En France par exemple, on ne peut plus s'adresser à tous les épargnants de la même façon.

On ne peut plus généraliser.

On ne peut plus conseiller tel ou tel placement à tout le monde.

On ne peut plus continuer à expliquer à un jeune de vingt-cinq ans ou trente ans qu'il doit déjà penser à sa retraite alors qu'il a à peine commencé à penser à son travail.

On doit s'adresser à chaque génération comme si on s'adressait à des habitants de planètes totalement différentes.

☛ **Les mentalités ont changé et cela a un impact sur votre argent.**

L'ère Macron

Macron est devenu président de la République.

Contre toute attente.

Ce n'est pas seulement une surprise, c'est un tournant. Pour le monde politique et pour la psychologie des Français.

Il a gagné l'élection présidentielle.

Il a gagné de façon écrasante les élections législatives.

Et près d'un an après son arrivée à l'Élysée, on ne voit toujours aucun signe d'opposition crédible.

Syndicats et partis traditionnels sont encore KO debout. Ils s'en remettront, peut-être, mais il leur faudra du temps. Beaucoup de temps.

L'homme qui se prend parfois pour Jupiter veut faire la Révolution – c'était le titre de son livre programme. Il ne la fera pas, c'est certain, mais il fera des réformes. Il a déjà commencé à en faire : réforme du Code du travail, réforme fiscale, réforme de l'assurance chômage, il continue, il avance. Il veut « transformer » la France : ce n'est pas gagné mais il l'a déjà un peu changée.

Et cette « transformation » nous touche tous.

Directement pour les épargnants, comme on le verra plus loin. Mais indirectement aussi par le changement de mentalité qu'il cherche à insuffler.

Si on voulait caricaturer, et vous savez que je n'aime pas le faire…, Macron aime les jeunes, entrepreneurs, start-uppers, qui investissent leurs économies dans des placements « productifs », des placements à risque. Il n'aime pas les baby boomers retraités ou proches de la retraite qui auraient à la fois trop de patrimoine improductif, de l'immobilier et de l'assurance-vie sans risque, par excès de prudence et qui en plus touchent des retraites trop élevées… un comble.

Ses premières mesures en matière de fiscalité du capital le prouvent. De même que sa charge contre les retraités avec la hausse de la CSG sans compensation de baisses de charges sociales, uniquement pour les actifs.

Ce n'est pas un procès d'intention.

C'est un fait.

Inutile de se battre pour savoir s'il a raison ou s'il a tort.

Voyons le verre à moitié plein : il réforme, il simplifie, il bouge. Et c'est déjà en soi une bonne nouvelle. La France a même été désignée « pays de l'année » en décembre 2017 par le journal *The Economist*. Un sacré changement.

☛ **L'élection d'Emmanuel Macron a radicalement changé la France mais elle a aussi radicalement changé l'approche de la gestion de votre argent.**

2

L'ENVIRONNEMENT FINANCIER A CHANGÉ

La révolution bancaire n'a pas eu lieu

Depuis la crise, je m'étonne publiquement de la docilité des Français qui restent fidèles à leurs banques alors qu'elles ont failli faire sauter la planète en 2008 et qu'elles auraient pu faire disparaître une partie de l'économie des ménages.

Dix ans plus tard, les banques sont sous pression. La révolution est en marche, mais en marche lente.

Il n'y a pas eu de révolte, pas eu d'explosion, pas eu de « disruption » pour reprendre ce thème à la mode qui veut dire tout et souvent n'importe quoi. Vous êtes restés fidèles, un peu moins certes, mais fidèles tout de même.

Les banques sont revenues dans une position de force tout simplement hallucinante.

Aux États-Unis, berceau de la crise bancaire, les banques sont plus fortes qu'elles ne l'ont jamais été, même avant la crise. Oubliés les subprimes, oubliés les excès de la spéculation, oubliées les révoltes contre les Goldman Sachs et consorts. Trump, qui avait pourtant, pendant sa campagne, fustigé Wall Street responsable de la crise, s'est entouré d'anciens grands banquiers et s'est même mis en tête de s'attaquer à la réglementation bancaire post crise jugée trop contraignante.

Les banques sont plus libres que jamais.

Aux États-Unis, un des jobs les plus recherchés dans la finance, c'est « vendeur de subprimes »...

Non, les banques ne sauteront pas.

À la prochaine crise qu'elles provoqueront sûrement encore, les gouvernements voleront à nouveau à leur secours, avec votre argent, et les banques centrales les financeront, comme elles le font depuis la crise de 2008, gratuitement voire à des taux négatifs. On continue à raser gratis.

Je ne me suis jamais fait beaucoup d'illusions sur la volonté des gouvernements de mettre les banques au pas, ou simplement au service de leurs clients.

Je comptais plus sur la rupture technologique pour briser ces oligopoles.

Et cette rupture technologique a commencé. Elle s'accélère même.

Mais les banques ont, pour l'instant, réussi à canaliser cette énergie qui aurait pu les déstabiliser.

Première rupture : les banques en ligne

Les banques en ligne créées à la fin des années 1990 par des entrepreneurs auraient pu révolutionner le monde bancaire. Offrir le même service que les banques à un coût très nettement inférieur, voilà une promesse qui devait déstabiliser les banques traditionnelles.

La promesse a été tenue.

Les banques en ligne sont aujourd'hui extrêmement performantes. Accessibles facilement. À toute heure. À partir de n'importe quel périphérique, PC, tablette ou smartphone. Vous pouvez tout faire en ligne : consulter, agir, faire vos opérations courantes, vos virements, vos placements et même vos crédits. Pour des coûts défiant toute concurrence.

Ne cherchez pas, dans tous les classements, les banques en ligne sont systématiquement les moins chères. De loin.

Et pourtant, elles n'ont pas renversé les banques traditionnelles. Elles progressent certes. Rapidement. Mais ne représentent qu'une infime portion de l'activité bancaire en France.

Pourquoi ? Parce qu'elles sont toutes devenues, après leur rachat ou à leur création, des filiales de grands groupes bancaires. Les banques les ont étreintes pour mieux les étouffer, ou plutôt les laisser respirer, un peu, mais pas trop.

Parallèlement, les banques ont développé en interne leurs propres services en ligne ou services mobiles. Avec un certain talent et une certaine réussite. Les applications mobiles des grandes banques de réseau n'ont rien à envier à celles des banques en ligne ou des banques dites « mobiles ». Mais pas au même tarif. Loin de là.

Nouvelle rupture : les fintechs

Les fintechs sont une véritable révolution. Elles ont pour vocation de combiner la technologie (tech) et la finance (fin). Elles ont connu une expansion spectaculaire dans les dix dernières années, notamment aux États-Unis, mais également en Asie et en Europe. Les levées de fonds de ces entreprises, souvent des start-up, ont atteint des montants très significatifs.

Il s'agit cependant plus d'une révolution d'usage que d'une révolution bancaire. Les fintechs n'ont pas détrôné ni même déstabilisé les banques, comme on aurait pu le croire lors de leur apparition. Elles ont radicalement et définitivement changé nos modes de consommation financière, mais à l'origine elles devaient faire « sauter la banque » ou au moins la « faire trembler » en s'attaquant par l'innovation à tous les métiers de la chaîne bancaire.

Une banque n'étant, en schématisant à l'extrême, qu'un établissement de paiement par lequel on peut en plus transférer, placer ou emprunter de l'argent, les fintechs se sont attaquées à chacun de ces maillons de la chaîne bancaire. Il y a donc autant de catégories de fintechs que d'activités bancaires : applications de paiement, transferts, transferts de devises, plateformes de financement (crowdfunding), plateformes de prêts aux entreprises ou aux particuliers (crowdlending), placements automatisés (robo-advisors), auxquels se sont ajoutées d'autres innovations comme les cagnottes en ligne ou encore les agrégateurs de comptes.

Je suis un fervent admirateur de l'entrepreneuriat et notamment dans la finance, mais je dois confesser une certaine déception : j'ai sincèrement cru que ces start-up ultradynamiques offriraient de vraies alternatives aux banques traditionnelles en les remettant en question sur chacun de leur métier. Si certaines peuvent encore y parvenir, une large majorité qui visait le grand public, le consommateur (qui était donc B to C, *business to consumer*), et envisageait donc une concurrence frontale avec les banques, a préféré s'orienter dès la création ou se réorienter vers le *business to business* (le B to B) en jouant la carte de la collaboration avec les banques. Celles-ci ont d'ailleurs souvent fait le choix judicieux d'entrer dans le capital de ces start-up, certes pour leur permettre de financer leur développement, mais également pour pouvoir observer de l'intérieur leur expansion et reprendre à leur compte une partie des innovations.

On peut d'ailleurs dire que les banques ont, pour l'instant, intelligemment négocié le virage des fintechs et sont parvenues à transformer cette révolution bancaire qui aurait pu les déstabiliser en une révolution d'usage et de services qu'elles intègrent de plus en plus souvent dans leur offre. Ainsi, toutes les banques ou presque aujourd'hui offrent le service d'agrégation en ligne qui permet d'avoir une vision globale et instantanée de tous ses comptes bancaires sur son mobile.

Une illustration de cette collaboration appuyée entre la banque et les fintechs est le Credit mutuel Arkea qui a pris des participations dans bon nombre de fintechs comme la cagnotte en ligne Leetchi et son système de paiement Mango Pay, le robo-advisor Yomoni, l'application de gestion de patrimoine Grisbee, l'application de transfert d'argent de personne à personne Pumpkin et intègre de plus en plus dans sa propre offre de services bancaires les fonctionnalités des start-up dans lesquelles elle a investi. Pumpkin par exemple a vocation à devenir la néo-banque des jeunes (16-28 ans) au sein du groupe CM Arkea. Comme le déclarait aux *Échos*, à la mi-juillet 2017, le dynamique directeur général d'Arkea, Ronan Le Moal : « Nous avons au fil des ans et de nos prises de participation au capital des jeunes pousses créé un écosystème qui permet d'envisager de nouvelles synergies entre ces acteurs mais aussi avec Arkea. » Tout est dit. Le Crédit agricole est quant à lui entré dans le capital de l'agrégateur Linxeo et la Société générale dans Fiducéo.

☛ **Les fintechs ne feront pas sauter la banque, elles permettent en revanche aux banques d'accélérer leur transformation digitale.**

Des néo-banques aux banques mobiles

Le terme de néo-banque est apparu il y a quelques années. À l'origine, il s'appliquait à des établissements financiers qui n'avaient pas de licence bancaire, donc pas le statut de banque, mais seulement celui d'établissement de paiement et qui offraient donc la possibilité à des utilisateurs d'ouvrir un compte, et de bénéficier d'une carte de paiement.

Pionnier de ces néo-banques, le compte Nickel souhaitait même d'abord s'appeler la No bank. Créé en 2014, Nickel se voulait être une alternative à la banque traditionnelle en utilisant le réseau des buralistes pour permettre une ouverture de compte simple et rapide. Le client Nickel reçoit un relevé d'identité bancaire et une carte de retrait et de paiement. Nickel a été un vrai succès. Il a attiré une clientèle ciblée, notamment les interdits bancaires, mais également les utilisateurs qui souhaitaient compartimenter leurs dépenses, par exemple sur Internet. Malgré son succès, Nickel n'a pas déstabilisé les banques traditionnelles. Au contraire, l'établissement s'est vendu en 2017 à… la BNP.

La néo-banque allemande Fidor a connu une histoire similaire. La banque qui jouait la carte des communautés, du collaboratif, « la banque des amis », aurait pu également prétendre inquiéter les banques traditionnelles. Elle s'est finalement vendue à la BPCE (Banques populaires et caisses d'épargne) qui gardera sûrement un œil très intéressé sur toutes les innovations de cette nouvelle filiale que le groupe pourra intégrer dans ses propres réseaux.

Le slogan des banques à l'égard des fintechs est une déclinaison du « *If you can't beat them, join them* ». (« Si tu ne peux pas les battre, joins-toi à eux. ») Là on serait plutôt dans du : « *If they want to beat you, buy them*. » (« S'ils veulent te battre, achète-les. »)

Aujourd'hui, le terme de néo-banque s'applique de façon plus large à toutes les banques dites « mobiles » ou « digitales », accessibles par vos smartphones. Ces banques sont soit des filiales de banques traditionnelles, soit des établissements qui ont commencé sans licence bancaire et qui aujourd'hui sont devenues de vraies banques comme la banque allemande N26, un des leaders du secteur. N26 est une start-up qui, partie d'Allemagne, se développe en Europe et se lance aux États-Unis : compte courant, carte de paiement et de retrait aux distributeurs et transferts d'argent, tout y est ou presque. Devenue banque en 2016, la start-up berlinoise propose même dans toute l'Europe des prêts et autres produits bancaires classiques.

	Compte Nickel	N26	Morning Pay	C-zam	Toneo First Zen	Moyenne banque en ligne	Moyenne banque traditionnelle
Compte : cotisation annuelle / frais de tenue de compte	20,00 €	0,00 €	24,00 €	12,00 €	60,00 €	0,00 €	18,00 €
Cotisation carte	0,00 €	0,00 €	0,00 €	1,70 €	5,00 €	0,00 €	41,00 €
Type de carte	Carte à autorisation systématique	Carte internationale à débit immédiat	Carte à autorisation systématique	Carte à autorisation systématique	Carte prépayée	Carte internationale ou carte haut de gamme	Carte internationale à débit immédiat
Gestion du compte sur internet	0,00 €	0,00 €	0,00 €	0,00 €	0,00 €	0,00 €	3,00 €
Alertes SMS (4 alertes par mois)	0,00 €	0,00 €	0,00 €	0,00 €	0,00 €	0,00 €	19,00 €
Virement en ligne (coût unitaire)	0,00 €	0,00 €	0,00 €	0,00 €	0,00 €	0,00 €	0,00 €
10 paiements de **50 €** en zone euro par mois	0,00 €	0,00 €	0,00 €	0,00 €	0,00 €	0,00 €	0,00 €
3 retraits par mois aux distributeurs du réseau de sa banque / Point Compte-Nickel	18,00 €	24,00 €*	32,40 €*	0,00 €	90,00 €*	0,00 €*	0,00 €
3 retraits par mois aux distributeurs hors réseau	36,00 €	0,00 €	10,80 €	36,00 €	30,00 €	0,00 €	0,00 €
5 retraits hors UE de **70 €** chacun	10,00 €	5,95 €	10,00 €	5,00 €	12,50 €	6,90 €	25,00 €
2 paiements hors zone euro de **175 €** chacun	2,00 €	0,00 €	7,00 €	0,00 €	7,60 €	6,90 €	9,50 €
Total (coût annuel)	**86,00 €**	**30,00 €**	**84,00 €**	**55,00 €**	**205,00 €**	**14,00 €**	**116,00 €**

Comparatif des néo-banques, des banques en ligne et traditionnelles

Ces néo-banques, qui bénéficient directement de la licence bancaire ou sont de simples établissement de paiement mais s'appuient sur des banques, misent tout sur la facilité d'usage, sur « l'expérience utilisateur ». Car en termes de coûts, comme le montre le comparatif fait par Panorabanques.com en juillet 2017, elles ne sont pas forcément les moins chères.

Les opérateurs télécom

Avec l'émergence des opérateurs télécom dans le système bancaire, il s'agit moins d'une révolution que de la naissance d'une concurrence sérieuse pour les banques traditionnelles et les banques en ligne.

Orange a été le premier à se lancer sur le marché bancaire. Altice/SFR devrait suivre. Et on peut imaginer que nous aurons un jour une Free Banque.

Avec un peu de retard à l'allumage, Orange Bank s'est finalement lancée en novembre 2017. La banque n'est pas uniquement mobile. Elle s'appuie sur le réseau physique des boutiques de l'opérateur télécom et se veut banque à part entière : elle offre évidemment les moyens de paiement habituels mais également un livret d'épargne, des assurances et dans les mois à venir du crédit consommation, du crédit immobilier et de l'assurance-vie. Cette banque mobile et physique veut concurrencer frontalement les banques traditionnelles. Le potentiel de ce nouvel acteur ne tient pas aux innovations technologiques relativement limitées mais à un parc d'abonnés extrêmement large : plus de 20 millions de Français possèdent un mobile. Une base naturelle de clients pour la banque dans un secteur où l'écueil principal des nouveaux entrants est leur coût d'acquisition. Orange Bank vise deux millions de clients d'ici dix ans, à comparer avec le million de clients d'ING Direct ou de Boursorama.

Les GAFAM

C'est là qu'est le vrai danger pour les banques traditionnelles.

Ces monstres de la technologie américaine, ces maîtres du monde que sont Google, Apple, Facebook, Amazon ou Microsoft peuvent s'ils le veulent terrasser le monde bancaire. En Chine, les champions locaux de l'e-commerce et des réseaux sociaux, Alibaba, Tencent et Baïdu, ont déjà transformé le paysage des paiements en particulier et le paysage bancaire en général. La part des acteurs Internet chinois dans le crédit à la consommation, par exemple, est passée de 1 % à 25 % en 2016. Mais tous les services financiers, du paiement à l'investissement en passant par le crédit, subissent aujourd'hui une offensive de ces acteurs devenus incontournables. Les GAFAM ont une puissance de frappe, en termes financiers mais aussi de données et de proximité qui leur permettrait de concurrencer mortellement les banques traditionnelles. Apple a déjà l'Apple pay qui permet de régler avec son iPhone sans contact. Ce n'est qu'un début. Tous les géants ont leur système de paiement, certains ont leur solution de transfert d'argent comme Facebook ou de crédit comme Amazon. Compte tenu des moyens illimités dont disposent ces groupes qui capitalisent plusieurs centaines de milliards de dollars, la lutte pourrait devenir brutale s'ils décidaient d'accélérer leur incursion dans l'environnement bancaire.

☛ **La banque bascule sur les mobiles et les smartphones. Mais les banques traditionnelles résistent : vous continuez à leur faire confiance, vous continuez à accepter de payer des frais largement plus élevés que ceux des banques en ligne ou mobiles. C'est votre choix. Les banques ont de plus en plus de concurrence mais, en France, elles résistent bien et ont su prendre le virage de la révolution digitale, notamment en intégrant les fintechs. Bien joué pour elles, pour l'instant. En revanche, vous, il va falloir que vous changiez aussi...**

3

LA RÉVOLUTION FISCALE

Là encore, il s'agit d'un bouleversement.

On peut même parler d'une véritable révolution fiscale pour votre argent, pour vos placements.

La loi de Finances 2018 a totalement reconfiguré l'environnement fiscal du capital.

Un changement d'état d'esprit

Le gouvernement Philippe cherche à peser sur l'orientation des placements des Français et à insuffler un changement total d'esprit.

Le message est simple : il faut favoriser l'investissement « productif », l'investissement dans « l'économie réelle ». Le gouvernement considère, à juste titre, qu'investir dans le capital d'entreprises, directement ou indirectement, par le biais de la bourse ou de fonds spécialisés, c'est un investissement productif, d'où la suppression de l'ISF qui pesait lourdement sur les investissements mobiliers et la flat tax plus favorable aux actifs dits « productifs »...

À l'inverse, il estime qu'investir dans l'immobilier est « improductif » d'où l'IFI, impôt sur la fortune immobilière, ou qu'investir dans des placements sans risque comme, par exemple, les fonds en euros de l'assurance-vie, n'est que marginalement productif. Sur ce dernier point, le gouvernement a dû oublier que c'est grâce aux épargnants en fonds euros que la dette colossale de l'État français a toujours été financée avant que la Banque centrale européenne ne se mette à raser gratis. Quelle ingratitude. Si un jour les taux devaient remonter, le gouvernement reviendrait à nouveau courtiser les épargnants sur ce placement « improductif » qu'est le financement du déficit… Mais concentrons-nous sur les changements principaux qui vous concernent.

De l'ISF à l'IFI

L'impôt sur la fortune (ISF) est supprimé : depuis le temps que les gouvernements, et surtout de nombreux contribuables, en rêvaient, Macron l'a fait. Il a supprimé l'ISF.

Pas totalement en fait.

Il l'a transformé en impôt sur la fortune immobilière (IFI).

Désormais, vous ne serez plus taxé que sur votre « capital immobilier ». Tous les autres placements seront exclus. L'ISF qui touchait vos portefeuilles d'actions ou vos autres placements financiers, c'est fini.

Pour l'IFI, les règles sont (assez) simples. On garde le même seuil d'imposition : 1,3 million d'euros, on garde le même barème que l'ISF, on garde le même abattement de 30 % sur la valeur de la résidence principale. Mais tous les biens immobiliers, physiques ou en pierre papier, entrent dans l'assiette. Tous, à l'exception des biens immobiliers affectés à votre activité professionnelle.

Un sacré changement !

La flat tax

C'est l'autre grande révolution de la loi fiscale. Une flat tax, traduisez : prélèvement forfaitaire unique (PFU). Un seul taux. 30 %. Y compris les prélèvements sociaux. Un vrai choc de simplification. Une option pour tous les ménages français, pour tous les revenus du capital aujourd'hui imposables aux taux de l'impôt sur le revenu (IR). *Tous* les revenus du capital : dividendes, plus-values de cession, intérêts d'obligations, de placements bancaires ou autres.

En revanche, aucun changement pour les livrets défiscalisés comme le livret A, le livret de développement durable, le livret d'épargne populaire, les livrets jeunes ou encore le plan d'épargne entreprise, le plan d'épargne en actions, le plan d'épargne retraite collective. Une exception notable : le plan d'épargne logement (voir plus bas).

Vous pouvez certes toujours opter pour la taxation à l'IR, mais il n'est pas possible de changer d'options selon les placements : tout est à l'IR ou tout est au PFU.

Si vous choisissez le PFU, vous perdez les abattements (durée de détention sur les plus-values d'actions, abattement de 40 % sur les dividendes) sauf celui sur l'assurance-vie après huit ans.

Les changements fiscaux placement par placement

1. *Les livrets réglementés*

Le livret A, ce placement toujours plébiscité par les Français, conserve ses avantages. Il en est de même pour tous les livrets dits réglementés ou défiscalisés : le livret de développement durable et solidaire (LDDS) et le livret d'épargne populaire (LEP).

Ni impôts ni prélèvements sociaux.

Qu'est-ce qui a changé ?

Rien.

Sauf peut-être le fait que le taux du livret A est bloqué pendant deux ans. À 0,75 %, c'est un taux inférieur à l'inflation.

Qu'est-ce que ça va changer ?

Je vous le dis, et je vous le répéterai : même si la fiscalité n'a pas été modifiée, il faut arrêter de bourrer vos livrets A et placements assimilés !

Vous ne devez y stocker que votre épargne de précaution, soit six mois de votre budget de dépenses. Six mois, pas plus.

Il y a des placements qui rapportent plus et sont aussi liquides. Alors, par pitié, ne faites pas de votre livret A votre produit de placement favori.

2. Les livrets bancaires

Le principe général est l'imposition au prélèvement forfaitaire unique de 30 %, même si le contribuable peut choisir de conserver l'ancien système et préférer l'impôt sur le revenu à la flat tax.

Avant

Les intérêts annuels des livrets bancaires non réglementés étaient soumis au barème de l'impôt sur le revenu et aux prélèvements sociaux. Ils s'ajoutaient donc aux revenus du contribuable et étaient imposés à sa tranche marginale d'imposition (0 %, 14 %, 30 %, 41 % ou 45 %) et aux prélèvements sociaux (15,5 %).

Les prélèvements sociaux sont retenus à la source, au moment de l'inscription en compte. De plus, la banque retenait également un acompte de 24 % au titre de l'impôt sur le revenu. Cet acompte était non libératoire. Il venait en déduction de l'impôt dû, l'excédent éventuel étant restitué. Une demande de dispense d'acompte était possible, sur demande, pour les personnes ayant un revenu fiscal inférieur à 25 000 euros (50 000 pour un couple marié ou pacsé).

Après

L'acompte est remplacé par le prélèvement forfaitaire unique (PFU) de 30 %, qui inclut les prélèvements sociaux. Et les intérêts soumis au PFU ne rentrent plus dans les revenus imposables au barème de l'impôt sur le revenu. Les personnes soumises aux tranches à 45 %, 41 %, et même 30 %, bénéficient donc d'une nette baisse de l'imposition. Pour les autres, il sera toujours possible d'opter pour l'imposition au barème de l'IR. Soit au moment de la déclaration, soit en demandant, comme pour l'ancien acompte de 24 %, une dispense de prélèvement. Les prélèvements sociaux passant à 17,2 %, l'imposition au barème de l'IR n'est intéressante que pour les personnes non imposées. On rappelle que le choix pour le barème de l'IR ne peut se faire que sur l'ensemble des revenus du patrimoine.

Et donc ?

Si on a vraiment beaucoup de liquidités, qu'on a déjà rempli ses livrets réglementés et ses assurances-vie, c'est une alternative à envisager...

3. L'assurance-vie et les contrats de capitalisation

C'est le placement qui subit le changement le plus significatif.

Le gouvernement a agi vite pour éviter les effets d'aubaine : dès la date de présentation de la loi de Finances 2018, le 27 septembre 2017, les nouvelles règles ont été appliquées. Et vlan.

Qu'est ce qui a changé ? Tout ou presque avec la flat tax, ou prélèvement forfaitaire unique de 30 %.

Avant

Les détenteurs d'un contrat d'assurance-vie qui effectuaient un retrait pouvaient déclarer leurs gains à l'IR ou opter pour un prélèvement dégressif en fonction de l'âge du contrat : 35 % avant 4 ans, 15 % entre 4 et 8 ans, 7,5 % après 8 ans, taux auxquels s'appliquaient les prélèvements sociaux de l'époque, soit 15,5 %.

Après

— Rien ne change pour les montants versés avant le 27 septembre 2017. Ils subissent cependant la hausse de la CSG qui passe de 15,5 % à 17,2 %.

— Rien ne change tant que « le montant total des encours, net des produits, détenu par l'assuré sur l'ensemble des contrats n'excède pas un seuil de 150 000 euros » (300 000 euros pour un couple). Sauf, encore, la hausse de la CSG de 15,5 % à 17,2 %.

— Au-delà de ces seuils, c'est la flat tax de 30 % qui s'applique sur les gains des nouveaux versements. Une flat tax qui inclut les prélèvements sociaux de 17,2 %.

— C'est donc un alourdissement de la fiscalité uniquement pour les nouveaux versements et au-delà d'une détention de 8 ans. Paradoxalement, c'est un allègement de la fiscalité pour les retraits effectués avant 8 ans et surtout avant 4 ans... Cela rend le contrat d'assurance-vie plus attractif comme placement à court terme...

— Rien ne change pour l'abattement annuel sur les gains maintenu à 4 600 euros pour une personne et 9 600 pour un couple.

— Il est toujours possible de déclarer ses gains à l'IR, si c'est plus avantageux évidemment, pour les ménages non imposés par exemple.

Et donc ?

L'assurance-vie reste un produit extrêmement attractif, incontournable. La flat tax ne modifie pas fondamentalement la fiscalité du produit. D'autant plus que les règles de transmission patrimoniale, avantage majeur de l'assurance-vie, ne subissent aucune modification. Nous y reviendrons.

4. Le plan épargne logement et les comptes épargne logement PEL et CEL

Le gouvernement a prévu un tour de vis sur l'épargne logement. Jusque-là exonérés d'impôt sur le revenu (sauf les PEL de plus de 12 ans), les PEL et CEL seront soumis à la flat tax.

Avant

Les PEL de moins de 12 ans et tous les CEL étaient exonérés d'impôt sur le revenu. Ils étaient néanmoins soumis aux prélèvements sociaux. Pour les PEL de plus de 12 ans, les intérêts subissaient la même fiscalité que les intérêts bancaires : intégration au barème de l'impôt sur le revenu après un acompte de 24 %.

Après

S'ils ont été ouverts avant le 1er janvier 2018, les PEL de moins de 12 ans et les CEL resteront exonérés d'impôt sur le revenu. Les prélèvements sociaux passent à 17,2 %.

Mais les PEL et les CEL ouverts à partir du 1er janvier 2018 subiront la même fiscalité que les livrets bancaires : c'est le PFU de 30 % (prélèvements sociaux inclus) qui s'appliquera à la source avec toujours la possibilité d'opter pour l'intégration au barème de l'impôt sur le revenu et la possibilité de demander une dispense de prélèvement.

Et donc ?

Comme on le verra, le PEL est un peu devenu *has been*...

5. La bourse

La volonté du gouvernement est simple, on l'a vu : orienter l'épargne vers les placements productifs, c'est-à-dire les placements qui permettent le financement de l'économie, donc des entreprises. L'instauration du PFU marque une volonté d'améliorer la fiscalité sur les investissements en actions.

Avant

Les revenus et les plus-values de vos actions détenues hors PEA, dans des comptes titres, étaient soumis à l'impôt sur le revenu. Confiscatoire surtout pour les tranches les plus élevées : si on ajoutait les 45 % de la dernière tranche marginale et les 15,5 % de prélèvements sociaux, on était ponctionné de 60,5 % !

Après

C'est le PFU qui va s'appliquer. Une formidable simplification et une incitation certaine. 30 % sur les revenus et les plus-values de vos titres. Vous pouvez toujours opter pour la taxation à l'IR si c'est plus intéressant pour vous (si vous n'êtes pas imposé au barème de l'IR). Mais, encore une fois, vous ne pouvez pas changer d'options selon les placements, tout est à l'IR ou tout est au PFU.

Et donc ?

Les actions détenues en direct dans des comptes titres reviennent dans la course après avoir été totalement disqualifiées du fait d'une fiscalité confiscatoire.

6. Le plan d'épargne en actions PEA

Pour les actions détenues au sein de votre PEA, rien ne change ou presque. Le PEA reste un petit « paradis » fiscal. Il subit cependant l'alourdissement des prélèvements sociaux, avec une modification non rétroactive, à partir du 1er janvier 2018, du « mécanisme des taux historiques ».

Avant

Lorsque vous vendez un titre en plus-value dans un PEA, vous ne subissez aucune imposition. La taxation n'intervient qu'au moment du retrait et selon l'âge du plan : 22,5 % avant 2 ans, 19 % entre 2 et 5 ans, 0 % après 5 ans (et possibilité de retrait partiel après 8 ans qui n'engendre pas la clôture du plan mais l'impossibilité de faire de nouveaux versements).

— Le taux appliqué pour les prélèvements sociaux n'est pas le taux en vigueur au moment du retrait mais au moment de la réalisation de la plus-value (vente du titre). Par exemple, une plus-value réalisée en 2011 a un taux de prélèvements sociaux de 13,5 % même si vous retirez les fonds en 2017. À noter quand même que si le PEA est globalement en moins-value, il n'y a pas de prélèvements sociaux à payer.

Après

Il n'y a pas de changement au niveau des taux de prélèvement à l'IR, mais le taux de prélèvements sociaux passe de 15,5 % à 17,2 %. Le gouvernement a supprimé le mécanisme des taux historiques mais uniquement pour les plus-values réalisées à partir de 2018. Donc :

— Les taux historiques de prélèvements sociaux sont maintenus. La plus-value réalisée en 2011 restera soumise au taux de prélèvements sociaux de 13,5 %.

— Les plus-values réalisées à partir de 2018 ne seront pas soumises au taux au moment de leur réalisation mais au moment du retrait. Si par exemple vous faites une plus-value en 2018 mais un retrait en 2020, le taux de prélèvements sociaux appliqué sera celui de 2020.

7. Le plan d'épargne entreprise PEE

Avant

Qu'il s'agisse d'un retrait d'avoirs disponibles au terme du délai de blocage légal de 5 ans ou d'un cas de déblocage anticipé, le PEE est exonéré d'impôt sur le revenu sur les revenus et plus-values. Les prélèvements sociaux étaient identiques à tous les produits de placement, soit 15,5 %.

Après

Pour les plans d'épargne entreprise, le régime fiscal ne change pas. Ils ne sont pas concernés par le prélèvement à 30 %. Mais ils sont soumis aux prélèvements sociaux qui ont subi la hausse de 1,7 point de CSG au 1er janvier 2018, soit 17,2 %.

Comme pour le PEA, il y a une modification non rétroactive, à partir du 1er janvier 2018, du « mécanisme des taux historiques » pour les prélèvements sociaux.

8. Le plan d'épargne pour la retraite collectif PERCO

Avant

À la sortie du Perco, qu'il s'agisse d'un cas de déblocage anticipé ou au moment du départ à la retraite, en cas de délivrance sous forme de capital, celui-ci est exonéré d'impôt sur le revenu. La sortie sous forme de rente viagère est quant à elle soumise à l'impôt sur le revenu pour une fraction seulement de son montant. Cette fraction est fixée forfaitairement d'après votre âge lors du premier versement de la rente :

— 70 % si vous étiez âgé de moins de 50 ans ;
— 50 % si vous étiez âgé de 50 à 59 ans ;
— 40 % si vous étiez âgé de 60 à 69 ans ;
— 30 % si vous étiez âgé de plus de 69 ans.

Capital ou rente viagère, dans les deux cas, les sommes sont soumises aux contributions sociales.

Après

Le régime fiscal ne change pas. Les Perco ne sont pas concernés par le prélèvement à 30 %. Mais ils sont soumis aux prélèvements sociaux à 17,2 %.

9. Plan d'épargne retraite populaire PERP

Avant

La rente versée au dénouement du Perp est imposée selon les règles applicables aux pensions et retraites. L'administration fiscale applique automatiquement un abattement de 10 % sur le montant total déclaré des pensions et rentes. Les sommes après abattement sont à déclarer au barème de l'impôt sur le revenu (et subissent aussi les prélèvements sociaux).

L'adhérent qui en fait le choix peut bénéficier :

— d'une rente viagère, calculée sur la base de 80 % au minimum de la valorisation de son contrat au jour de la liquidation,

— et d'un capital égal au maximum à 20 % de la valeur de son contrat au jour de la liquidation.

Le capital est également soumis à l'impôt sur le revenu et aux prélèvements sociaux.

La fraction des prestations de retraite versée sous forme de capital peut, sur demande expresse et irrévocable de l'adhérent, être soumise à un prélèvement forfaitaire de l'impôt sur le revenu au taux de 7,5 %. Ce prélèvement est assis sur le montant du capital diminué d'un abattement de 10 %.

Après

Pour les plans d'épargne retraite, le régime fiscal ne change pas. Ils ne sont pas concernés par le prélèvement à 30 %. Mais ils sont soumis aux prélèvements sociaux, 8,4 % en 2017 puis 10,1 % en 2018 avec la hausse de la CSG.

À noter : comme le PERP, les autres produits d'épargne retraite (Madelin, article 83, Prefon…) ne sont pas concernés par le PFU.

Le monde change, et vous ?

En quoi tous ces changements, macroéconomiques, géopolitiques, sociologiques, démographiques, financiers ou fiscaux, impactent-ils votre argent et doivent-ils modifier en profondeur votre approche de la gestion de vos économies ?

C'est simple.

Vous ne pouvez plus gérer votre argent comme vous le faisiez « avant ».

Vous ne pouvez plus ignorer l'évolution et parfois la révolution que nous sommes en train de vivre dans tous les domaines ou presque.

Il va falloir en tenir compte.

Il va falloir les intégrer dans votre processus de décision.

La difficulté tient au fait que l'impact des changements peut être direct ou indirect, à court, moyen ou même à très long termes.

Je m'explique : les changements majeurs de la fiscalité ont un impact direct, à court terme. Certains placements deviennent, immédiatement, moins attractifs, d'autres, immédiatement, plus attractifs. Ça, c'est simple.

La politique des banques centrales qui a consisté à maintenir les taux d'intérêt très bas, à zéro, voire négatifs, a un impact direct et immédiat : pour obtenir du rendement dans un monde de taux zéro ou de taux négatifs, vous devez prendre plus de risques et donc privilégier parfois des placements moins sécuritaires. Ça aussi, c'est simple.

L'amélioration significative de la croissance économique, en particulier en Europe mais également en France, a quant à elle un impact plus complexe à déterminer. D'un côté, qui dit amélioration de la croissance dit amélioration des résultats des entreprises et donc, en théorie, environnement boursier plus favorable et donc, en théorie toujours, possibilité de prendre plus de risques dans la gestion de vos économies, notamment en investissant un peu plus en bourse. Mais a contrario, une accélération de la croissance peut provoquer une hausse de l'inflation et donc des taux d'intérêt. Et une remontée des taux d'intérêt pourrait à nouveau rendre les produits de taux, même peu risqués, plus attractifs que la bourse.

Plus difficile à apprécier encore, l'impact des évènements géopolitiques sur vos économies. La combinaison la même année 2017 d'un Trump, d'un Brexit et des tensions dans le Golfe aurait dû ou aurait pu provoquer une agitation sans précédent sur les placements à risque. Or 2017 a été un excellent cru pour les indices boursiers et pour la grande majorité des actifs à risque. Mais la géopolitique continuera à peser durant les années qui viennent et on peut donc se demander si ces changements majeurs ne vont pas nous obliger, dans notre réflexion de gestion, à intégrer une « prime de risque » plus élevée que celle qui a cours aujourd'hui. La volatilité – l'indice de peur des marchés – a atteint son record de baisse en 2017, signe que les investisseurs jugent que nous sommes dans une période « sans risque » ou presque. Nous allons sûrement devoir être bientôt un peu plus prudents dans nos choix aujourd'hui alors que les marchés et les investisseurs n'ont jamais été aussi complaisants.

Plus simple à intégrer dans la gestion de vos économies, l'impact de la technologie. Ici le choix est évident : il faut intégrer les transformations technologiques. Vous le faites, déjà puisque votre smartphone devient votre moyen de consultation et de suivi de votre patrimoine. Vous le faites aussi car vous avez de plus en plus recours aux fintechs, parfois sans le savoir, comme quand vous consultez sur votre mobile votre solde bancaire, et même vos soldes bancaires consolidés, si vous êtes multi-bancarisés. Mais faut-il aller plus loin encore ? Faut-il placer de l'argent dans des prêts de particuliers à particuliers avec le crowlending, faut-il basculer dans les néobanques ou au moins ouvrir un compte dans une banque mobile ? Et à l'extrême, faut-il utiliser le bitcoin, cette monnaie virtuelle, comme le font déjà 15 millions d'Américains ou encore confier la gestion de votre argent à des « robots » ? La technologie pour votre argent, oui, bien sûr, mais jusqu'où ?

Et enfin la démographie, un sujet qui m'est cher, un sujet essentiel pour vous, tant à titre personnel qu'à titre macroéconomique. Le basculement des baby boomers en papy boomers, l'allongement spectaculaire de la durée de vie, ont et vont avoir de plus en plus d'impact sur les investissements. Mais comment les intégrer dans vos choix financiers ? Il y a des réponses simples et directes : vous allez vivre plus longtemps, donc le financement de votre retraite devient un sujet encore plus essentiel et complexe. Mais il y a des réponses plus difficiles : ce bouleversement démographique va-t-il modifier structurellement le monde des investissements ? Les choix sécuritaires des seniors vont-ils primer sur les choix plus risqués des jeunes ménages ? Quel impact le vieillissement de la population a-t-il sur le marché immobilier, et donc sur vos choix en termes d'investissement dans votre résidence principale ou dans l'immobilier locatif ? Pas évident, non ?

PARTIE II

LES 8 RÈGLES D'OR POUR VOTRE ARGENT

Règle d'or n° 1

RÉDUISEZ ENCORE VOS DÉPENSES

C'est peut-être le seul élément qui n'a pas changé. Il était d'actualité dans « le monde d'hier », il l'est encore plus dans le monde d'aujourd'hui et dans celui de demain. Quelles que soient les promesses d'augmentation de pouvoir d'achat des différents gouvernements – et celui-ci ne fait pas exception –, l'argent sera de plus en plus dur à gagner, surtout pour les classes moyennes et même les classes dites aisées sans être tout à fait riches. Certes, la ponction fiscale va peut-être cesser de progresser, mais elle est à des niveaux tellement confiscatoires que les revenus nets perçus sont toujours sous pression et le resteront.

Pour un jeune, épargner devient de plus en plus difficile, voire mission impossible. Surtout dans un monde où le travail indépendant va progressivement remplacer le contrat à durée indéterminée.

Pour un jeune couple, le poids du loyer ou de l'acquisition d'un bien immobilier pèse sur le pouvoir d'achat.

Et pour les seniors et les retraités, l'offensive a commencé, ils seront de plus en plus ponctionnés.

Dès lors, le seul vrai placement intéressant, dont le rendement est infini, c'est évidemment la réduction des dépenses ! Ce n'est pas un conseil qui fait plaisir, je sais. Et je sais aussi ce que vous allez me dire : nous nous serrons déjà la ceinture.

C'est déjà vrai pour ceux qui n'ont pas le choix car leurs revenus ne couvrent pas ou à peine leurs besoins. Les autres peuvent faire plus, ou plutôt moins en l'occurrence.

Vous dépensez trop. D'autant plus qu'on vous raconte tous les jours que tout va mieux et que les lendemains vont chanter. Tout va mieux, mais ceux qui commencent déjà à chanter risquent de se retrouver dans la triste position de la cigale de La Fontaine qui n'a pas vu l'hiver arriver.

Je ne veux pas vous déprimer, mais il faut réduire vos dépenses, serrer vos budgets.

Surveiller vos dépenses déjà, c'est une première étape. Vous avez le sentiment de le faire, mais pouvez-vous répondre à cette question simple : « Quel est votre budget mensuel de dépenses ? » Si vous n'êtes pas capables de répondre à cette question instantanément, c'est que vous ne contrôlez pas vos dépenses.

Une fois votre budget déterminé, première étape fondamentale, vous devez l'analyser poste par poste et réduire là où vous le pouvez. Certaines dépenses sont incompressibles mais d'autres peuvent être réduites. À condition d'en avoir la volonté. Beaucoup d'entre vous vivent au-dessus de vos moyens dans l'espoir d'un avenir proche meilleur. C'est une erreur. Il faut vivre en dessous de ses moyens. Vous avez presque tous la possibilité de réduire vos dépenses de 100 euros à beaucoup plus, en fonction de vos revenus. Et ces sommes économisées représentent une épargne potentiellement importante, voire phénoménale.

Pour obtenir 1 000 euros de rendement annuel aux taux actuels, il vous faut un capital minimum de 130 000 euros placés sur un livret A. Vous pouvez obtenir tout de suite la même somme en réduisant un poste de votre budget.

Et vous n'avez plus l'excuse de dire qu'il est compliqué de suivre votre budget. Toutes les banques fournissent dans leurs applis mobiles des systèmes de suivi de vos dépenses, jour après jour, catégories par catégories. Il ne faut que quelques secondes pour savoir combien vous avez dépensé les trois derniers mois en « loisirs », en « restaurants » ou en « vacances ».

Réduisez vos dépenses. Ce n'est pas un choix. C'est une obligation.

Règle d'or n° 2

AUGMENTEZ VOS REVENUS

Oui, je sais. Vous vous dites : « Fiorentino me prend pour un idiot. Il me conseille de moins dépenser d'argent, et maintenant de gagner plus d'argent et après il va sûrement me dire qu'il faut aussi éviter de tomber malade. Comme si j'avais besoin qu'on me conseille d'augmenter mes revenus ! »

Non, je ne vous prends pas pour des idiots. Pas du tout.

Mais je crois que les principes les plus simples sont souvent les meilleurs.

Pour les « actifs », le revenu est la clé absolue.

La clé de l'épargne, bien sûr. C'est en fonction de mon niveau de revenus et de mon niveau de dépenses que je détermine ma capacité d'épargne qui me permet de me constituer un patrimoine.

Mais c'est également la clé de votre capacité d'emprunt. On ne prête pas qu'aux riches, dit-on. C'est vrai, mais on prête aussi à ceux qui ont des revenus et le montant des prêts est évidemment corrélé à votre niveau de revenus.

Augmenter ses revenus n'est pas aussi simple que réduire ses dépenses... Mais l'impact d'une augmentation de salaire négociée, d'une prime obtenue ou d'un changement de job bien planifié a un effet démultiplicateur, tant en termes d'épargne qu'en termes de capacité d'emprunt et donc d'investissement, comme nous allons le voir. Essayez également d'analyser votre capacité à générer des revenus complémentaires. Dans ce monde « collaboratif », il y a de plus en plus de plateformes qui vendent des services, peut-être en avez-vous un à proposer ?

Règle d'or n° 3

EMPRUNTER… C'EST INVESTIR

Les taux d'intérêt sont bas. Très bas. Historiquement bas.

C'est un inconvénient majeur pour les placements. Il suffit de voir les taux du livret A ou encore la lente glissade des fonds en euros des contrats d'assurance-vie.

Mais c'est un avantage majeur pour les emprunts.

Une évidence encore : quand les taux sont bas, il faut emprunter.

Ceux qui ont un emprunt sur leur résidence principale l'ont déjà probablement renégocié, une fois, ou même plusieurs fois. Et ils ont eu raison. Mais la marge de manœuvre, maintenant, est étroite. Et le nombre de renégociations d'emprunts immobiliers s'est réduit en fin d'année 2017.

Cependant, quand les taux sont bas, emprunter peut devenir un des meilleurs moyens de placer son argent… Emprunter, placer : ces deux notions vous paraissent totalement opposées, antagonistes.

Oui.

Dans le monde d'avant.

Dans le monde d'aujourd'hui, non.

Emprunter pour acheter de l'immobilier locatif, ou plus simple, pour acheter de la pierre papier, des SCPI, c'est placer.

Règle d'or n° 4

PRÉPAREZ-VOUS POUR UN MARATHON

Avec l'allongement spectaculaire de la durée de la vie, l'existence n'est plus un sprint, c'est un marathon. Constituer son patrimoine aussi.

Si vous voulez sprinter avec votre épargne, vous allez vous claquer un muscle et vous ne pourrez plus courir avant longtemps.

Dans l'univers des placements, le temps est un atout, le temps est un allié.

Un petit capital placé, même à des taux de rendement relativement faibles, donne des sommes qui vous surprendront au bout de 15 ans ou 20 ans.

Un senior comme moi peut vous dire qu'à 30, 35 ou 40 ans, 20 ans paraît très long. Malheureusement, 20 ans ça va très vite, et chaque jour qui passe vous rapporte de l'argent.

Avec des espérances de vie qui s'approchent des 90 ans, il faut modifier aussi nos perspectives de placement.

Avant, quand on indiquait qu'il fallait conserver 8 ans au minimum un contrat d'assurance-vie pour bénéficier des avantages, les épargnants pouvaient y réfléchir à deux fois en se disant « 8 ans, c'est long ». Aujourd'hui, la question ne se pose (presque) plus jamais. Qu'est-ce que 8 ans sur 88 ans... ?

Autre illustration de ce marathon du placement : la bourse.

Impossible de prévoir les cours à 5 ans, 2 ans ou même un an. Mais si vous conservez vos actions plus de 10 ans, vous avez toutes les chances de gagner de l'argent.

Règle d'or n° 5

ÉVITEZ LES ERREURS ÉLÉMENTAIRES

Un trader expérimenté vous dira qu'il gagne de l'argent parce qu'il sait limiter ses pertes.

Dans la gestion de patrimoine, ce sont bien souvent les erreurs que vous faites qui plombent vos performances. Limitez les erreurs évidentes et vos économies ne s'en porteront que mieux.

Les erreurs évidentes ?

— Investir sur un produit à long terme alors qu'on sait qu'on peut avoir des besoins de liquidités à court terme ;

— Acheter des placements risqués en fantasmant sur des rendements pour pigeons alors qu'on a besoin de protéger son capital ;

— Placer son argent dans des produits totalement inadaptés à ses besoins.

Vous vous dites, c'est évident, je ne ferai jamais ces erreurs, mais vous les avez déjà probablement commises, au moins une fois, et vous les referez, si vous n'y prêtez pas attention.

Règle d'or n° 6

FAITES SIMPLE

Dans un monde devenu de plus en plus complexe, la finance a tendance à compliquer encore les choses pour pouvoir ponctionner davantage de commissions et de frais.

Et avec la baisse historique des taux d'intérêt, on risque de vous présenter des investissements incompréhensibles avec des promesses de rendements mirifiques.

Il y a une règle simple : quand les taux d'intérêt sont à zéro ou presque, tout rendement supérieur à zéro implique une prise de risque. C'est un fait. Et si on vous promet du 10 %, c'est que vous pouvez aussi perdre 10 %, voire plus. Il faut le savoir.

Dès lors, faites simple. Très simple.

Faites preuve de bon sens et vous en avez.

Avec une règle absolue. Absolue. N'investissez que dans ce que vous comprenez.

À condition d'y consacrer un peu de temps.

Trop facile de dire : « Je ne comprends rien aux choses d'argent ! » Vous n'avez plus le choix, vous devez vous y intéresser. À une époque où on passe des heures sur son smartphone, souvent pour rien, vous pouvez tout de même consacrer une demi-heure ou une heure par semaine à la gestion et au suivi de vos économies.

Et si, en y passant un minimum de temps, vous ne comprenez pas un investissement qu'on vous propose, laissez tomber. Cela ne veut pas dire que vous êtes nul en finance, non. Ça veut dire que l'investissement n'est pas pour vous.

Règle d'or n° 7

FAITES CE QUI VOUS RESSEMBLE

Cette règle d'or n'a pas changé et ne changera pas.

Avant d'investir et de prendre des décisions qui auront un impact significatif sur vos économies et donc sur vos vies, vous devez apprendre à vous connaître. C'est essentiel.

Votre profil bien sûr : sexe, âge, situation familiale, situation et perspectives professionnelles, etc.

Basique.

Votre profil donc, mais pas seulement.

Il faut que vous analysiez aussi votre tempérament. Quel type d'investisseur êtes-vous : conservateur, équilibré ou joueur ?

De cette analyse en profondeur découlera naturellement l'allocation de vos économies entre différents placements.

Attention cependant, on a souvent tendance à penser, surtout vous messieurs, qu'on peut supporter plus de risques. Quand on vous pose la question suivante : « Si vous investissez dans ce produit, êtes-vous prêt à perdre 10 % ? » Ne répondez pas précipitamment « Oui ». Demandez-vous vraiment comment vous vous sentirez si vous aviez effectivement investi et que vous perdiez 10 % de votre mise. Je peux vous garantir que si vous y réfléchissez à deux fois et que vous ne vous voilez pas la face sur votre aversion réelle au risque, vos décisions d'investissement ne seront absolument pas les mêmes.

Les conseillers en gestion de patrimoine et les banquiers ont des questionnaires types de détermination de vos profils. N'hésitez pas à les remplir pour apprendre à mieux vous connaître.

Règle d'or n° 8

FAITES VOTRE ÂGE

L'âge. Ah, l'âge...

Avec tous les changements que j'ai décrits en première partie, c'est un élément qui est devenu encore plus essentiel qu'avant.

On n'a jamais investi de la même façon à 30 ans qu'à 50 ans ou à 65 ans, mais c'est encore plus vrai aujourd'hui.

Nous assistons à une vraie fracture de génération. Une fracture largement illustrée par le renouvellement politique qui a suivi l'élection d'Emmanuel Macron.

Nous ne sommes pas dans une guerre de générations. Pas encore. Mais on sent de plus en plus de tension entre des jeunes générations qui ont le sentiment qu'elles auront du mal à mettre de l'argent de côté et même à gagner suffisamment d'argent pour maintenir leur niveau de vie et des retraités que les jeunes accusent souvent d'avoir bénéficié de tous les avantages en cumulant une forme de garantie de l'emploi et un système de retraite par répartition encore solide. Ces retraités se sentent pourtant sous pression, notamment avec l'augmentation de la CSG sans contrepartie, qui les a touchés de plein fouet.

La réalité est que chaque génération connaît une situation et un environnement totalement différents. Il faut absolument en tenir compte dans la gestion de son argent. Difficile de déterminer exactement où on doit mettre les barrières, mais il est clair qu'il faut distinguer les jeunes actifs de 25 à 40 ans, les actifs de 40 à 60 ans, les seniors de 60 ans et plus en faisant même une distinction pour les grands seniors de plus de 70 ans.

PARTIE III

QUELS PLACEMENTS CHOISIR POUR GAGNER PLUS ?

1

L'ÉPARGNE DE SÉCURITÉ : À CONSOMMER AVEC MODÉRATION

Les livrets réglementés, les livrets bancaires, les comptes à terme et les SICAV monétaires sont des placements incontournables. Mais à consommer avec modération !

Contexte

Commençons par le commencement. Par le plus basique. L'épargne de sécurité, l'épargne de précaution. Une épargne nécessaire. Incontournable. Une épargne qui permet de se prémunir contre les aléas à court terme. Particulièrement dans un monde qui change. Mais une épargne sous pression du fait de la baisse des taux d'intérêt. Et une épargne que les changements fiscaux ont, en partie, épargnée.

C'est votre trésorerie « conjoncturelle ». Cette poche d'épargne doit permettre de faire face aux besoins de trésorerie de court terme. Les besoins prévisibles (les impôts par exemple, tant que le prélèvement à la source ne sera pas en place), comme les impondérables (remplacement d'un appareil électroménager, panne de véhicule, etc.).

C'est la première pierre de l'édifice patrimonial qui permet ensuite de vous concentrer sur l'optimisation de vos économies, rechercher la performance. Et s'exposer à de la recherche de performance « ailleurs ».

Les taux ont baissé. L'ensemble de cette catégorie de placements voit ses rendements se détériorer année après année, depuis trente ans. En 2008, le livret A rémunérait 3,7 % contre 0,75 % aujourd'hui. No comment.

Diagnostic

Les épargnants ne savent pas quel montant consacrer à cette catégorie de placement. Combien ? Personne n'a jamais livré de règle en la matière. Le montant constaté est très peu souvent adapté à la réalité du besoin de l'épargnant. Parfois sous-estimé, mais le plus souvent largement surestimé.

Par ailleurs, vous avez beaucoup trop de « produits ». Le constat est implacable. Entre les effets de la multibancarisation et le nombre de dispositifs d'épargne appartenant à cette catégorie, il n'est pas rare de voir des épargnants équipés de 6 ou 7 placements répondant à ce seul et même objectif de précaution. C'est nuisible à la lecture du patrimoine. Pas de clarté, pas de simplicité. Donc pas d'efficacité.

Enfin, le rapport du banquier avec cette gamme de placement ne vous aide pas. On a tous eu cette sensation qu'en proposant une multitude de supports d'épargne de court terme, le banquier traditionnel « coche » sa liste d'objectifs, sans répondre au réel besoin de l'épargnant. L'effet catalogue.

Recommandations

Estimez le juste montant de votre épargne de précaution

Utilisez quatre facteurs clés : votre âge, votre tempérament (chacun porte sa propre sensibilité quant à la notion de précaution), votre situation financière (capacité d'épargne positive, nulle ou « négative »), votre budget ou dépense annuelle.

Selon ces 4 critères, les besoins s'échelonneront à un niveau compris entre 1 et 4 trimestres de votre budget de dépenses.

Soyons pratiques :

Plus votre âge est avancé, plus vous devez être en haut de fourchette.

Moins vous êtes allergique au risque et gérez au plus serré et plus vous faites varier le besoin vers le bas car votre risque d'aléa est plus limité.

Plus votre capacité d'épargne est forte, moins vous avez besoin d'épargne de précaution.

Plus votre budget de dépenses, votre train de vie est élevé, plus vous devez constituer un matelas de sécurité important.

C'est simple.

Limitez le nombre de produits

Sauf exception, et en règle générale, un livret A, voire un LDD, suffisent largement à couvrir le montant maximum à réserver à votre épargne de court terme. En effet, l'enveloppe globale allouée aux livret A et LDD peut aller jusqu'à 74 000 euros pour un couple et 37 000 euros pour une personne célibataire. Souvent largement suffisant.

Vous gagnez en simplicité, en clarté.

Résistez à la « pression » de votre banquier

Il est parfois difficile de dire « non » à son banquier. On l'a tous fait : ouvrir un CEL, prendre une ligne de part sociales de la banque, souscrire un LDD, par peur de dire non. Très concrètement, cette démarche n'a aucun sens, d'autant que généralement, il s'agit de montants peu significatifs. Alors, apprenez à dire non.

Coup de gueule
Le compte courant

Vous avez déposé des montants records sur vos comptes courants. Près de 500 milliards d'euros dorment sur vos comptes. 500 milliards ! En 2017, le compte courant figure dans le top des placements des Français avec environ 30 milliards d'euros déposés. Dans le top des placements, alors que ce n'est pas un placement !

Un compte courant n'est pas un placement.

Laisser dormir son argent sur un compte qui ne rapporte rien est une hérésie.

Et une illustration supplémentaire des changements que vous traversez. Si le compte courant crève tous les plafonds, c'est que dans un contexte de taux nuls voire négatifs, vous vous dites qu'il ne sert à rien de se casser la tête pour chercher à placer ses liquidités. D'autre part, le contexte politique international et français, surtout avec les élections, vous a poussé à stocker votre argent sur vos comptes « en cas de problème ».

C'est une aberration totale.

Vous devez immédiatement retirer l'argent qui est sur vos comptes, laissez seulement le nécessaire pour ne pas payer des découverts aux coûts prohibitifs, et transférer votre argent sur des livrets et sur un fonds en euros de contrat d'assurance-vie. Vous aurez au moins un rendement, quel qu'il soit. Vous vous rendez compte ? 500 milliards d'euros qui ne produisent aucun rendement. Zéro !

Incompréhensible. Et inacceptable.

LIVRET A[1]	
Condition d'ouverture	Un seul livret par personne physique, majeure ou mineure
Versement initial minimum	10 euros (1,5 euro à la Banque postale)
Obligation de versements	Aucune
Plafond de versements	22 950 euros
Frais	Aucun
Rendement	Fixé par l'État. Depuis le 1er août 2016 : 0,75 %, quelle que soit la date d'ouverture
Disponibilités	Retraits libres à tout moment (minimum 10 euros et 1,5 euro à la Banque postale)
Durée maximum	Aucune limite
Encours	270 milliards d'euros fin octobre 2017 (chiffre Caisse des Dépôts)

1. Les autres placements de sécurité sont détaillés en Annexe, en fin d'ouvrage.

2

LE PLAN D'ÉPARGNE LOGEMENT : UN PLACEMENT *HAS BEEN*

Contexte

Comme son nom l'indique le PEL est un placement dont l'objectif est double : une épargne rémunérée (mais une épargne « forcée »), permettant d'accéder à des conditions de crédit immobilier favorables.

Il s'avère qu'un nombre très marginal d'épargnants ont utilisé leur PEL pour obtenir un crédit, du fait notamment de la chute des taux d'intérêt immobilier en direct. Ils s'en servent donc comme un simple produit d'épargne. Or, avec des rendements en berne, l'avantage par rapport au livret, tant sur la souplesse que la disponibilité, n'est pas au rendez-vous.

Diagnostic

Le PEL d'aujourd'hui a finalement les inconvénients des placements de court terme (peu de rémunération, renforcé par l'augmentation de la CSG), sans leurs avantages

Malgré tout, on notera qu'il existe autant de situations différentes que de dates d'ouvertures de PEL (en termes de rémunération, de présence ou non de la prime de l'État, de conditions d'accès au crédit, etc.).

Recommandations

Avec un taux de 0,828 % avant impôt sur le revenu, le PEL rapporte moins que le livret A ou que des livrets bancaires non réglementés. Aucun intérêt donc à en ouvrir un, surtout qu'avec les taux bas, les droits à prêt ne sont pas avantageux (voir ci-dessous). Et d'autant plus que c'est un placement contraignant, bloqué et qui oblige à verser un minimum à l'année.

En revanche, le PEL a pour particularité d'avoir un taux fixé au moment de l'ouverture, et qui n'évolue plus ensuite. Ainsi, des plans ouverts il y a quelques années peuvent se révéler très avantageux, d'autant que les PEL ouverts avant 2018 ne sont pas soumis à l'impôt sur le revenu jusqu'à la douzième année.

Historique du taux du PEL depuis 1969 (taux hors prime d'État)

Date d'ouverture du PEL	Taux brut hors prime d'État
Du 24 décembre 1969 à mars 1972	4 %
Entre avril 1972 et juin 1974	3,5 %
Entre juillet 1974 et décembre 1974	4 %
Entre janvier 1975 et avril 1977	4,5 %
Entre mai 1977 et décembre 1980	4 %
Entre janvier 1981 et mai 1983	5,3 %
Entre juin 1983 et juillet 1984	6,3 %
Entre août 1984 et juin 1985	5,3 %

Date d'ouverture du PEL	Taux brut hors prime d'État
Entre juillet 1985 et avril 1986	4,75 %
Entre mai 1986 et janvier 1994	4,62 %
Entre février 1994 et décembre 1996	3,84 %
Entre janvier 1997 et mai 1998	3,1 %
Entre juin 1998 et juin 1999	2,9 %
Entre juillet 1999 et mai 2000	2,61 %
Entre juin 2000 et juillet 2003	3,27 %
Entre août 2003 et janvier 2015	2,5 %
Entre février 2015 et janvier 2016	2 %
Entre février 2016 et juillet 2016	1,5 %
Depuis le 1er août 2016	1 %

Source : Banque de France

Un PEL ouvert fin 1983, soumis à la flat tax de 30 %, rapporte aujourd'hui 4,4 % et peut donc être conservé. Un PEL ouvert en 2001 rapporte 2,29 %, ce qui n'est pas mal non plus, alors qu'un PEL ouvert en 2014 rapporte 2,07 % net jusqu'à sa douzième année.

Faut-il utiliser le PEL pour emprunter ?

À l'origine, le PEL permet donc d'épargner pour obtenir un crédit immobilier, avec une prime d'État pour financer l'acquisition. Le prêt, obtenu à la clôture du plan, doit notamment vous permettre :

• L'achat et la construction d'un logement (neuf ou ancien) destiné à l'habitation principale ;

• Le financement de travaux ou l'amélioration du logement destiné à l'habitation principale.

Le montant du prêt dépend des intérêts acquis sur le plan (montant maximum : 92 000 €).

Faut-il utiliser le PEL pour emprunter ? Tout dépend si le taux octroyé par le plan est compétitif. Il dépend de la période où a été souscrit le PEL :

Date d'ouverture du PEL	Taux d'intérêt du prêt
Entre le 16 mai 1986 et le 7 février 1994	6,32 %
Entre le 7 février 1994 et le 22 janvier 1997	5,54 %
Entre le 23 janvier 1997 et le 9 juin 1998	4,80 %
Entre le 9 juin 1998 et le 25 juillet 1999	4,60 %
Entre le 26 juillet 1999 et le 30 juin 2000	4,31 %
Entre le 1er juillet 2000 et le 31 juillet 2003	4,97 %
Entre le 1er août 2003 et le 31 janvier 2015	4,20 %
Entre le 1er février 2015 et le 31 janvier 2016	3,20 %
Entre le 1er février 2016 et le 31 juillet 2016	2,70 %
Depuis le 1er août 2016	2,20 %

Source : service-public.fr

La durée des prêts épargne logement peut aller de 2 à 15 ans. Sur 15 ans, les taux du marché se situent entre 1,10 % et 2,51 % (source : Empruntis, décembre 2017). Le taux offert sur un PEL ouvert depuis le 1er août 2016 (2,20 %) n'est donc pas très attractif, sauf si on a un mauvais dossier. Et pour les PEL ouverts avant cette date, vous aurez forcément un meilleur taux à la banque.

À l'heure actuelle, le PEL n'est pas très intéressant pour le crédit immobilier. Il le redeviendra peut-être dans le futur, si les taux immobiliers repassent au-dessus des 3 ou 4 %. Alors, ceux qui prévoient d'acheter leur résidence principale (ou d'y faire des travaux) dans quelques années peuvent souscrire ou conserver leur PEL (notamment s'il permet un emprunt sous les 3 %), pour se protéger d'une hausse des taux. Pour les autres, il ne doit être utilisé que comme produit d'épargne, et seulement si vous avez un vieux PEL qui rapporte encore. **Mais je ne suis pas fan...**

On notera quand même que le prêt s'accompagne d'une prime d'État. Celle-ci n'est versée que si le PEL donne lieu à un prêt immobilier de 5 000 € minimum. Même si le taux du PEL n'est pas très intéressant, rien n'empêche l'emprunteur de faire un crédit PEL de 5 000 € et de toucher la prime d'État, et d'emprunter le solde dans des conditions normales.

Le montant de la prime dépend des intérêts acquis, ainsi que de la période où il a été souscrit :

Date d'ouverture du PEL	Valeur de la prime (intérêts acquis au terme du PEL)
Entre le 1er août 2003 et le 31 janvier 2015	40 %
Entre le 1er février 2015 et le 31 janvier 2016	50 %
Entre le 1er février et le 31 juillet 2016	2/3
Depuis le 1er août 2016	100 %

La prime ne peut pas dépasser 1 000 euros. Ce plafond est porté à 1 525 euros pour les PEL ouverts avant le 1er mars 2011 ou lorsque le PEL contribue à la construction ou à l'acquisition d'un logement performant énergétiquement.

PEL (plan d'épargne logement)	
Versement initial minimum	225 euros
Obligation de versements	540 euros minimum par an
Plafond de versements	61 200 euros
Tarification	Aucun frais
Rémunération	Fixée au moment de la date d'ouverture. Depuis le 1er août 2016 : 1 %. Droits à prêt et prime d'État si crédit immobilier à la sortie
Disponibilités	Aucun retrait partiel possible. Clôture avant 2 ans : rémunération moindre (celle du CEL). Clôture entre 2 et 3 ans : droits au prêt et prime perdus. Clôture entre 3 et 4 ans : droits au prêt et prime diminués
Durée maximum	Après 10 ans : impossibilité de faire des nouveaux versements. PEL ouverts avant le 28 fév 2011 : durée illimitée. PEL ouverts après le 28 fév 2011 : au bout de 15 ans, le PEL devient un livret bancaire classique
Condition d'ouverture	Un seul plan par personne physique, majeur ou mineur
Encours	258,8 milliards d'euros fin 2016 (tous sur mes finances)

3

L'ASSURANCE-VIE : POUR TOUS !

Toute personne doit avoir un contrat d'assurance-vie ! Mais pas n'importe lequel... Et pas n'importe comment.

Contexte

C'est LE placement préféré des Français : 1 600 milliards d'euros d'épargne ! L'équivalent de 80 % du PIB de la France ou de la dette publique. Impressionnant, non ?

Finalement pas tant que ça, car l'assurance-vie est un placement qui répond à trois objectifs majeurs : épargner, protéger et transmettre ; et qui cumule une multitude d'avantages sur trois plans complémentaires :

Une « enveloppe » qui permet de couvrir tous les aspects d'une bonne gestion financière

La plupart des contrats d'assurance-vie couvrent quasiment l'intégralité des placements existants, à travers une multitude d'OPVCM, de fonds communs de placements.

Vous pouvez, à l'intérieur de l'enveloppe d'assurance-vie, investir sur n'importe quelle zone géographique, n'importe quel pays, secteur, thématique avec le profil qui vous correspond le mieux du plus sécuritaire et prudent au plus dynamique.

L'existence toujours incontournable (même avec les baisses des rendements) du fonds en euros, qui offre une rémunération sans risque du fait de la garantie en capital, renforce la puissance financière de l'assurance-vie. Rappelons que c'est une spécificité française.

Un cadre fiscal ultra-privilégié

L'assurance-vie est une formidable niche fiscale. Encore aujourd'hui. Même avec la modification de la fiscalité. Que ce soit du fait de la dégressivité de la ponction fiscale en fonction de la durée de détention, de la capitalisation des plus-values dans le contrat ou encore des facilités liées aux possibilités de rachats partiels programmés.

C'est notamment l'outil parfait pour générer des revenus complémentaires à la retraite en profitant de la fiscalité calculée sur la seule part des intérêts retirés dans son rachat.

Une réponse à des besoins « civils »

L'assurance-vie est un formidable outil de transmission.

Grâce à la clause bénéficiaire, on peut optimiser toutes les stratégies de transmission de la protection du conjoint à la transmission aux enfants. Selon le nombre d'enfants (voire de petits-enfants), un couple marié pourra largement exonérer son patrimoine de droits de succession grâce aux 152 500 € par parent et par bénéficiaire d'exonération pour les versements avant 70 ans.

Une fois que vous avez profité au maximum de ces abattements, il n'y a plus d'intérêt successoral à verser dans une assurance-vie… jusqu'à 70 ans. Car une fois passé 70 ans, vous ne bénéficiez plus de l'abattement de 152 500 euros, mais d'un nouvel abattement de 30 500 euros par assuré, tous contrats confondus. Par exemple, un couple ayant deux enfants et 700 000 euros en assurance-vie versés avant 70 ans aura intérêt à retirer 61 000 euros de son contrat pour les reverser, de préférence dans un autre contrat, afin de limiter au maximum les droits de succession. D'autant que les intérêts et plus-values issus des versements après 70 ans sont exonérés de droits de succession.

Une évolution permanente

L'assurance-vie évolue.

Elle change. Année après année.

Elle s'améliore.

Son coût, grâce à l'offensive des banques et des plateformes en ligne qui proposent des contrats sans droit d'entrée, a évolué dans un sens extrêmement favorable. Son univers s'élargit de plus en plus avec l'intégration permanente de nouveaux supports financiers.

Son utilisation est de plus en plus simple grâce aux améliorations technologiques permanentes. La technologie révolutionne l'assurance-vie.

Diagnostic

Les Français sont de bons épargnants, contrairement à ce que disent beaucoup de « spécialistes ». Historiquement, ils ont toujours privilégié l'assurance-vie, cette enveloppe de placement, et au sein de leur contrat, ils ont choisi d'épargner dans une très large proportion sur le fonds en euros. Concrètement, ils ont opté intuitivement pour le meilleur ratio rendement/risque : de la surperformance, sans sur-risque. Pourquoi auraient-ils dû faire autre chose ?

Nous sommes cependant aujourd'hui à la croisée des chemins, du fait de la multitude de changements que nous traversons :

— La chute impressionnante des taux d'intérêt qui a entraîné une baisse significative et constante du rendement du fonds en euros ;

— L'amélioration de la culture financière des Français du fait de l'accès à l'information, de l'effort et des contraintes de transparence et du fait d'un accompagnement de conseillers plus experts et plus pédagogues.

— La meilleure capacité à identifier de vrais besoins et de vrais objectifs par projet : achat de résidence principale, scolarité des enfants (cursus plus longs et plus coûteux), besoins de revenus complémentaires à la retraite (augmentation de l'espérance de vie et baisse des retraites, coût de la santé en fin de vie...), protection du conjoint et transmission.

Les Français vont évoluer dans l'utilisation de l'assurance-vie. Ils vont s'adapter au nouvel environnement, comme ils l'ont toujours fait.

Néanmoins, les épargnants gardent quelques idées reçues sur l'assurance-vie, notamment autour de la disponibilité de leur épargne avant les 8 ans. Il faut bien intégrer que le seul problème potentiel de la disponibilité du contrat avant 8 ans est d'ordre fiscal. Dans beaucoup de cas, ce problème n'en est pas un :

— Le contrat est en moins-value ou à des niveaux très faibles d'intérêts

— L'assuré bénéficie d'un niveau d'imposition très faible

— Les besoins répondent à une stratégie de revenus complémentaires et donc de rachats très partiels du contrat. L'assiette des intérêts dans les rachats sera tellement marginale au regard du capital versé que la fiscalité qui en découlera sera indolore.

Nous observons également que les Français détiennent trop de contrats différents, dans trop de banques et de compagnies d'assurance, sans que cela n'apporte aucun avantage. Au contraire, c'est une cause de soucis et d'erreurs de gestion, du fait de la difficulté d'une vision et d'un pilotage global.

Enfin, les épargnants ne se préoccupent pas assez de mettre à jour leur clause bénéficiaire au fil du temps.

Recommandations

Au plan financier

Vous connaître, c'est primordial : établissez votre profil, définissez votre tempérament d'investisseur.

Décidez également de votre niveau d'implication et de compétence pour définir si vous gérez de manière autonome, accompagnée ou déléguée. Positionnez bien votre curseur. Dans le troisième cas, optez pour un interlocuteur fiable, indépendant et durable.

Ayez en permanence une vision globale, une vision « agrégée ». C'est de plus en plus facile avec la multiplication des applications ad hoc et cela vous évitera de faire des erreurs – comme par exemple détenir trop d'instruments dans la même classe d'actifs.

Vous devez également créer des « enveloppes » par projet ou par horizon de temps, afin que chaque gestion soit finement adaptée.

Au plan fiscal

Pour les contrats de plus de 8 ans détenus par des assurés de moins de 70 ans, ne pas oublier de purger annuellement votre abattement de 4 600 euros (9 200 euros pour un couple) en procédant à un rachat partiel du montant incluant l'équivalent de l'abattement en intérêts.

Effectuez votre transition patrimoniale entre 60 et 70 ans. Liquidez votre immobilier locatif pour privilégier des placements en assurance-vie qui apporteront une plus grande sérénité dans votre vieillissement (perception de revenus complémentaires si besoin, via les rachats partiels).

N'hésitez pas à utiliser le fonds en euros de votre contrat comme un super livret si votre contrat est compétitif notamment par l'absence de frais sur versement. Devant les faibles rémunérations des livrets traditionnels, le calcul sera le plus souvent à votre profit.

Au plan civil

Équilibrez la répartition des actifs entre les époux, en respectant bien entendu la propriété des avoirs. Commencez par isoler les actifs provenant de biens propres.

Pour les régimes communautaires, il vous sera beaucoup plus agréable de gérer les placements de Monsieur et Madame de manière symétrique.

Pour les régimes universels, vous pourrez également utiliser la co-souscription avec dénouement au second décès.

Pensez à intégrer des clauses bénéficiaires avec réserve d'usufruit (quasi-usufruit) notamment après 70 ans. Cela correspondra, pour la plupart d'entre vous, au meilleur des compromis entre la protection de votre conjoint et la transmission à vos enfants. C'est la troisième voie : épouse quasi-usufruitière, enfants nus-propriétaires.

Pour les patrimoines importants avec des sommes élevées placées dans l'assurance-vie, utilisez le contrat de capitalisation, afin de gérer non plus la transmission au moment du décès par la clause bénéficiaire, mais de son vivant par la donation.

Dans tous les cas

L'assurance-vie doit se souscrire en ayant à l'esprit les critères suivants :

— Contrats à frais réduits (0 % de frais d'entrée, pas de frais d'arbitrage, etc.)

— Fonds en euros performants (au-dessus de 2 % nets en 2017)

— Gamme d'OPCVM (organismes de placement collectif de valeurs mobilières) et fonds permettant d'accéder aux meilleures sociétés de gestion et de réaliser une parfaite diversification

— Une expérience utilisateur fluide et aisée grâce à la technologie

— Un interlocuteur de confiance, expert et indépendant

Les 5 critères à prendre en compte pour sélectionner son contrat d'assurance-vie

Comment choisir le bon contrat d'assurance-vie ? Difficile pour les épargnants de s'y retrouver face à une offre pléthorique : des réseaux bancaires aux courtiers en ligne en passant par les mutuelles et les conseillers en gestion de patrimoine, tous les contrats offrent des caractéristiques et services similaires, et pourtant tous ne se valent pas, loin de là. Voici les 5 critères qu'il faut surtout considérer avant de choisir son contrat

Critère n° 1 : L'assureur

Un contrat d'assurance-vie n'est pas transférable. On le garde chez un assureur pendant un bon bout de temps. Alors mieux vaut choisir un assureur de qualité : connu, réputé, dynamique et bien sûr solide. Même si la crise bancaire semble derrière nous, mieux vaut rester prudent. Enfin, il faut éviter les contrats des réseaux bancaires car l'offre étant renouvelée régulièrement, les vieux contrats sont généralement mal traités

Critère n° 2 : Le rendement du fonds en euros

Chaque début d'année, on assiste au bal des rendements des fonds en euros qui dure plusieurs semaines et qui est repris par toute la presse. L'occasion de découvrir les meilleurs rendements des fonds en euros de l'année, et les pires. En 2016, le rendement moyen s'est élevé à 1,8 % net de frais de gestion (source : FFSA). En 2017, le rendement moyen a baissé à 1,5 % mais certains fonds rapportaient moins de 1 % tandis que les meilleurs fonds ont dépassé 2,5 % de rendement. Chaque année depuis la crise et la baisse des taux, les rendements des fonds en euros baissent, et il va être difficile d'obtenir plus de 2 % nets dans les prochaines années.

Quand on a un profil très prudent, la performance du fonds en euros reste un critère déterminant pour choisir son contrat, mais il ne doit plus être le seul. Et encore moins quand on possède un profil un peu plus dynamique....

Critère n° 3 : Les frais

Il existe 3 types de frais dans un contrat d'assurance-vie :

— Les frais d'entrée. Les frais de versement, aussi appelés « frais d'entrée », rognent une partie de chaque investissement avant même que le capital ne commence à fructifier. Ces frais de versement, de 5 % au maximum, sont légion sur les contrats traditionnels. Il faut absolument les éviter et **privilégier les contrats sans droit d'entrée**.

— Les frais de gestion. Il s'agit de frais incompressibles perçus chaque année par l'assureur pour financer son activité de gestionnaire. Ils se calculent en pourcentage et varient le plus souvent entre 0,50 % et 1 % selon le contrat ou les supports concernés. Il faut chercher des contrats dont les frais de gestion sont inférieurs à 1 %.

— Les frais d'arbitrage. Ils sont prélevés lorsque l'épargnant réoriente le capital investi sur un ou plusieurs OPCVM vers d'autres fonds. Ils agissent comme des frais de versement, mais **s'appliquent à chaque fois qu'on fait, au sein de son contrat, un retrait sur un support et un versement sur un autre**. Les frais sur arbitrage varient selon les contrats ou les options choisies. Ils **dépassent toutefois rarement 0,50 %** mais les intermédiaires financiers peuvent imposer un plafond ou une tarification minimum, ce qui incite à réaliser des arbitrages conséquents. Là encore, **il faut proscrire les**

contrats qui prennent des frais d'arbitrage, surtout quand on est investisseur plutôt actif.

Critère n° 4 : Nombre de supports, qualité et diversité

Outre le fonds euros, et même quand on a un profil plutôt prudent, il faut vérifier la quantité et la qualité des autres supports proposés dans le contrat.

Pour la quantité, c'est simple : les contrats multi-supports les moins complets proposent entre 5 et 10 unités de compte : un fonds d'actions européennes et un fonds d'actions internationales, un ou deux fonds obligataires, trois fonds diversifiés selon les profils (offensif, équilibré, défensif). Tandis que les contrats multi-supports les plus complets proposent plus de 500 supports. Évidemment, plus on a de fonds, plus on peut investir sur différents actifs (actions, obligations, immobilier avec des SCPI, etc.) et différentes zones géographiques. Il faut aussi vérifier que les supports sont de qualité, gérés par des maisons de gestion reconnues. Mais si le contrat d'assurance-vie a plus de 500 fonds, il en aura forcément plusieurs de très bonne qualité. Reste à les sélectionner...

Critère n° 5 : Gestion, accompagnement et conseil

Le dernier point est essentiel : le conseiller qui vous fait ouvrir le contrat est-il en mesure de vous accompagner pour sélectionner les supports ? Est-il suffisamment qualifié ? Est-il toujours disponible ? Peut-il vous contacter régulièrement pour mettre à jour votre allocation ?

Au-delà du contact avec un conseiller, les contrats d'assurance-vie offrent souvent des services pour vous aider à gérer votre allocation d'actifs. Sécurisation des plus-values (ou écrêtage) et stop-loss (littéralement « arrêt des pertes ») permettent par exemple d'encadrer vos investissements. Vous avez aussi parfois la possibilité de souscrire à une gestion profilée ou à un mandat de gestion pour confier votre allocation à un ou plusieurs gérants selon un profil de risque défini.

ASSURANCE-VIE	
Condition d'ouverture	Toute personne physique, mineure ou majeure, peut détenir un ou plusieurs contrats d'assurance-vie dans un ou plusieurs établissements différents
Versement initial minimum	Défini par l'établissement financier. Les plus souples sont ouverts à partir de 100 € et les plus « confidentiels » ne sont disponibles qu'à partir de plusieurs centaines de milliers d'euros
Obligation de versements	Aucune
Plafond de versements	Aucun
Frais	Frais d'entrée et de versement : entre 0 et... 5 %. Frais de gestion pris par l'assureur : entre 0,5 et 1 % de l'encours. Frais d'arbitrage : entre 0 et 1 % + frais d'entrée, frais de gestion, frais de sortie liés aux supports choisis (OPCVM, SCPI...)
Rendement	Variable. Dépend de la performance des supports : Fonds en euros (support garanti). Moyenne 2016 : 1,8 % net de frais de gestion (selon FFSA). Attendue encore en baisse en 2017 autour de 1,5 % mais avec certains taux encore proches des 2,5 %. Autres supports. Espérance de gain plus fort mais aucune garantie : risque de perte en capital
Disponibilités	Retraits libres à tout moment (avec un minimum fixé par l'assureur)
Durée maximum	Aucune
Encours	1 682,3 milliards d'euros fin octobre 2017 (chiffre FFSA)

Coup de projecteur
Ne surprotégez pas votre conjoint !

La grande majorité des contrats d'assurance-vie des Français conserve la clause bénéficiaire par défaut, à savoir le classique « mon conjoint, à défaut mes enfants ». Dans un couple typique de (bons) épargnants français, chaque membre va détenir un contrat d'assurance-vie ayant chacun une clause protégeant le conjoint, et à défaut les enfants. Une manière de protéger le conjoint survivant d'un décès qui arriverait trop tôt. Et si cette stratégie convient parfaitement à de nombreux couples, on remarque quand même que, pour des couples avec un patrimoine relativement confortable, passé un certain âge, la clause bénéficiaire des contrats d'assurance-vie mériterait d'être mise à jour pour mieux correspondre aux objectifs du couple.

Pour un couple de retraités disposant déjà de contrats d'assurance-vie bien remplis, il peut être en effet inutile de surprotéger le conjoint en le nommant bénéficiaire du contrat, le conjoint survivant n'a souvent pas besoin de cette nouvelle rentrée d'argent. Il s'agit en plus d'un mauvais calcul fiscal. Les sommes transmises par assurance-vie à son conjoint survivant perdent l'abattement de 152 500 euros sur les successions, étant donné que le conjoint est dans tous les cas exonéré de droits. Par ailleurs, ce dernier aura du mal à placer le nouvel héritage dans des conditions attractives pour la transmission aux enfants. S'il a plus de 70 ans ou s'il a déjà lui-même versé un montant conséquent dans ses contrats d'assurance-vie, il ne pourra faire bénéficier ses héritiers de l'abattement de 152 500 euros.

Pour faire face à cette inefficience, un couple peut donc être tenté de modifier les clauses bénéficiaires pour faire hériter directement les enfants. Mais ils prennent alors un autre risque : le « risque » que le conjoint survivant vive très longtemps et finisse par manquer d'argent. Beaucoup de couples de retraités se retrouvent face à ce dilemme.

Passé un certain âge, les objectifs successoraux changent. Plutôt que de protéger au maximum le conjoint survivant au premier décès, un couple doit plutôt chercher à avantager ses enfants, notamment pour limiter les droits de succession. Mais comment remplir ce nouvel objectif tout en s'assurant que le conjoint survivant ne manque de rien même s'il vit jusque cent ans ?

La solution possible est de réaliser une clause bénéficiaire démembrée : C'est une clause qui consiste à transmettre à ses enfants la nue-propriété de son contrat d'assurance-vie, et de réserver l'usufruit au conjoint survivant. On parle plutôt de « quasi-usufruit » dans le cas de démembrement de somme d'argent.

Cette clause, bien rédigée, va permettre plusieurs choses :

— En tant qu'usufruitier, le conjoint survivant a la possibilité, en cas de besoin, de puiser dans le capital transmis. Il est donc protégé.

— Au décès de l'usufruitier, les enfants nus-propriétaires récupèrent le capital, sans payer aucun droit de succession, même (et surtout) si le conjoint n'a pas puisé dans le capital.

— Si le conjoint a puisé dans ce capital, les nus-propriétaires disposent d'une créance qui leur permettra de récupérer le capital manquant sur l'actif successoral au deuxième décès, toujours sans payer de droits de succession. On est donc dans un cas de réduction maximale des droits de succession pour les enfants.

Ceci est un exemple d'optimisation qui n'a pour but que de vous convaincre de l'importance de prendre le temps de travailler la stratégie concernant la partie civile de vos contrats d'assurance-vie.

Coup de projecteur
Le contrat de capitalisation

Le contrat de capitalisation est une enveloppe fiscale similaire à l'assurance-vie, mais mal connue et pas suffisamment utilisée. Également hébergé chez un assureur, ce contrat bénéficie des mêmes avantages que l'assurance-vie en matière de :

— Gestion : on retrouve souvent les mêmes supports (l'incontournable fonds euros, par exemple), les mêmes options et niveaux de frais que les contrats d'assurance-vie. De nombreux contrats d'assurance-vie ont d'ailleurs une « version capitalisation » avec les mêmes caractéristiques.

— Liquidité : le contrat de capitalisation offre également la même liquidité grâce au rachat ou à l'avance, il peut garantir un emprunt et, le cas échéant, être arbitré.

— Fiscalité sur les gains : identique à celle de l'assurance-vie. Les rachats sont soumis au choix à l'impôt sur le revenu ou au prélèvement forfaitaire libératoire dégressif.

Petites différences tout de même : le contrat de capitalisation, contrairement à l'assurance-vie n'est pas un produit d'assurance mais, comme son nom l'indique, est un produit d'épargne tel qu'un livret classique. Il ne se dénoue pas en cas de décès comme cela est valable pour l'assurance-vie.

Autre différence avec l'assurance-vie, il est possible de le transmettre tel quel par donation ou succession (en conservant l'avantage fiscal). Le contrat de capitalisation peut, par exemple, faire l'objet d'une donation de nue-propriété aux enfants. Dans tous les cas, le donataire (celui qui reçoit) bénéficie de l'antériorité fiscale du contrat. Il se révèle également être un excellent outil de transmission.

Puissance deux, donc ! Pour les patrimoines importants avec des enfants, il est possible et surtout utile de combiner la puissance de l'assurance-vie avec un contrat de capitalisation. Leur complémentarité s'impose de plus en plus dans une stratégie patrimoniale tant en termes de fiscalité, que de transmission.

L'assurance-vie, répétons-le encore et encore, présente un avantage qu'aucun autre produit d'épargne n'a. Les sommes transmises via un contrat d'assurance-vie (pour les primes versées avant 70 ans) profitent en effet d'un abattement de 152 500 euros par bénéficiaire,

Cette fiscalité étant dérogatoire aux droits de succession, les fonds transmis ne viennent pas non plus impacter l'abattement de 100 000 euros par parent et par enfant et les tranches du barême.

Utilisé à bon escient, avant 70 ans, le contrat d'assurance-vie permet de réduire au maximum les droits de succession. Le contrat de capitalisation peut quant à lui faire l'objet d'une donation. Or, sur le plan fiscal, les donations ouvrent droit à des abattements importants : 100 000 euros par donateur et donataire en ligne directe (tous les 15 ans). Ceux-ci seront optimisés en utilisant la donation de la seule nue-propriété des contrats en se préservant la valeur de l'usufruit.

Utilisez l'assurance dans le couple jusqu'à l'équivalent de 300 000 euros par enfant, puis basculez sur une stratégie utilisant le contrat de capitalisation.

L'assurance-vie gère la transmission au moment du décès de l'assuré alors que le contrat de capitalisation gère la préparation à la transmission de son vivant par la donation.

CONTRAT DE CAPITALISATION	
Condition d'ouverture	Toute personne physique, mineure ou majeure, peut détenir un ou plusieurs contrats de capitalisation dans un ou plusieurs établissements
Versement initial minimum	Défini par l'établissement financier. Les plus souples sont ouverts à partir de 100 € et les plus « confidentiels » ne sont disponibles qu'à partir de plusieurs centaines de milliers d'euros
Obligation de versements	Aucune
Plafond de versements	Aucun
Frais	Frais d'entrée et de versement : entre 0 et... 5 % Frais de gestion pris par l'assureur : entre 0,5 % et 1 % de l'encours. Frais d'arbitrage : entre 0 et 1 % (avec parfois un minimum prélevé par arbitrage) + frais d'entrée, frais de gestion, frais de sortie liés aux supports choisis (OPCVM, SCPI...)
Rendement	Comme l'assurance-vie. Dépend de la performance des supports : — Fonds en euros (support garanti). Moyenne 2016 : 1,8 % net de frais de gestion (chiffre FFSA). Attendue encore en baisse en 2017 autour de 1,5 %. — Autres supports. Espérance de gain plus forte, mais aucune garantie : risque de perte en capital
Disponibilités	Retraits libres à tout moment (avec un minimum fixé par l'assureur)
Durée maximum	Aucune
Encours	66 milliards d'euros fin 2016 (chiffre FFA)

4

LA BOURSE : LE COME-BACK DU PLACEMENT MAL AIMÉ DES FRANÇAIS

Contexte

La bourse redevient un sujet majeur de placement.

Redevient, car elle ne l'était plus.

Les Français ont abandonné la bourse depuis longtemps.

Le nombre d'actionnaires individuels s'est effondré au fil des années.

Ils étaient à peine 3 millions en mars 2016 contre près de 7 millions en 2007…

Si on retire l'épargne salariale, le nombre de Français qui investit en bourse était devenu ridiculement bas. Les salons d'actionnaires individuels ressemblent d'ailleurs souvent à des salons de seniors.

Il faut dire qu'entre l'explosion de la bulle internet, la crise des subprimes en 2008 et la crise de la dette européenne, les raisons de se détourner de la bourse étaient nombreuses.

Seulement voilà, la tendance semble s'inverser, enfin, car tout change :

— L'environnement économique français, européen et international s'est largement amélioré ;

— Les entreprises présentent des bilans plus solides avec des performances généralement en amélioration ;

— Mais surtout, le changement de fiscalité a remis sur les rails un placement boursier qui, en dehors du PEA et de l'enveloppe d'assurance-vie, à travers des fonds communs de placement, était totalement dissuasif. Avec la flat tax, ce n'est plus le cas. La bourse revient dans la course des placements.

Diagnostic

Comme la plupart des Français, vous n'avez pas assez le goût du risque et en particulier vous ne vous intéressez pas suffisamment à la bourse.

Vous considérez la bourse comme un placement hautement spéculatif. Or la bourse, sur la durée, et c'est important d'insister, sur la durée, produit des rendements largement supérieurs à la plupart des autres classes de placements.

Vous ne connaissez pas suffisamment les moyens directs ou indirects d'y accéder. La bourse, ce n'est pas uniquement acheter des actions en direct, Air Liquide pour les « pères de famille » (ça existe encore, ça ?) ou des biotechs pour les « risk takers ». Il y a évidemment les fonds de commun de placement ou les unités de compte dans vos contrats d'assurance-vie.

Vous n'avez pas le choix, compte tenu de la chute des rendements des placements dits sans risque, vous devez investir en bourse. Reste à savoir quand et comment.

Recommandations

En fonction de votre âge, la part de « risque », dont une partie substantielle sera investie directement ou indirectement sur la bourse, varie. C'est évident : plus vous êtes jeune et plus la part de risque doit être importante car vous avez la durée, élément essentiel de la performance de la bourse, en votre faveur. Plus vous êtes âgé et plus cette part doit être réduite pour atteindre zéro ou presque à partir de 70 ou 75 ans.

Vous ne devez pas vous prendre, sauf cas très particuliers, pour des traders. Vous n'êtes pas des professionnels de la gestion boursière (voir le Coup de gueule page suivante).

Vous devez faire attention aux frais. Frais de courtage quand vous intervenez en direct, frais d'entrée ou frais de gestion sur les fonds communs de placement. Dans tous les cas de figure, si vous intervenez en direct ou par des fonds, privilégiez les courtiers en ligne dont les conditions tarifaires sont les plus compétitives. Vous n'avez pas de risques particuliers puisque la plupart des courtiers en ligne sont des filiales de grandes banques.

Il y a bourse et bourse : des segments de la cote sont particulièrement volatils et ne sont pas faits pour les néophytes. Ne vous égarez pas.

Privilégiez les enveloppes fiscales existantes, même si la flat tax a remis une partie des compteurs à zéro, comme le PEA et comme les contrats d'assurance-vie. (voir ci-dessous le Match PEA / compte titres).

Coup de gueule
La bourse, oui, mais pas n'importe comment !

Oui, il faut remettre la bourse dans le circuit des placements que vous devez considérer. Dans un contexte de taux d'intérêt nuls ou négatifs, la bourse est une réelle alternative.

La bourse, oui, mais pas n'importe comment et pas pour n'importe qui !

Pas pour n'importe qui, bien sûr. La bourse est un placement risqué. Si on pouvait gagner 10 ou 20 % par an sans prendre de risque, ça se saurait et ceux qui ont tout perdu en 2000 ou beaucoup perdu en 2008 savent de quoi je parle. Mais la bourse est un des placements les plus rémunérateurs si on le considère comme un placement dans la durée. DANS LA DURÉE ! C'est la clé. Plus vous êtes jeune et plus la part « à risque » de vos économies peut être importante, à condition de ne pas avoir besoin de cet argent à court ou moyen terme. Quand vous investissez en bourse, investissez pour 10 ans. Minimum.

Pas n'importe comment. Franchement, est-ce que vous pensez que vous pouvez affronter des George Soros ou des Warren Buffett, des gérants géants qui ont des dizaines, voire des centaines de personnes, qui travaillent pour elles et leur relaient toutes les informations sur les marchés et les entreprises ? Vous, tout seuls dans votre coin, avec votre smartphone et vos petits poings ? Non, bien sûr.

Vous ne devez investir en direct sur les actions que SI vous avez du temps, beaucoup de temps, pour creuser les sujets et étudier les entreprises ET/OU SI la bourse vous passionne.

Si ce n'est pas le cas, faites confiance à des professionnels. Achetez des fonds communs de placements reconnus et bien notés, à mettre dans votre PEA, ou dans votre contrat d'assurance-vie sous forme d'unités de compte. En prenant soin de bien les choisir (Voir plus bas l'encadré Comment choisir le bon fonds commun de placement).

Coup de projecteur
le match PEA/compte titres

Le compte titres est redevenu une option avec la flat tax. Il présente de nombreux avantages : on peut y loger toutes les valeurs mobilières alors que le PEA est réservé aux actions européennes. Autres avantages, il n'y a aucune limite sur les versements qu'on peut faire sur un ou plusieurs compte titres et on peut retirer de l'argent de son compte titres à tout moment alors que si on le fait avant 8 ans, on doit clôturer son PEA. En théorie donc, avantage au compte titres. Mais c'est sans tenir compte de l'avantage fiscal massif du PEA, avantage qui fait que tant que votre PEA n'atteint pas son plafond, il est incontournable et écrase le compte titres.

	COMPTE TITRES	PEA BANCAIRE
Titres éligibles	Actions et obligations françaises ou étrangères OPCVM (sans restriction). Produits dérivés (turbo, warrants, bonus, etc.) avec levier ou protection	Actions de sociétés ayant leur siège dans l'UE (+ Norvège, Islande et Lichtenstein) OPCVM (FCPI, SICAV ou trackers) investis au moins à 75 % en actions éligibles
Plafond de versement	150 000 euros (+ 75 000 euros sur le PEA PME = investi uniquement en PME)	Aucune limite
Frais	Droit de garde, frais de courtage, frais d'entrée et de gestion OPCVM	Droit de garde, frais de courtage, frais d'entrée et de gestion OPCVM
Disponibilité	Retrait possible à tout moment, s'il y a des liquidités sur le compte (sinon il faut vendre des lignes)	On peut clôturer le plan à tout moment Aucun retrait partiel possible avant 8 ans. Après 8 ans : retrait partiel possible mais un retrait entraîne l'impossibilité de reverser sur le plan
Fiscalité	Dividendes et intérêts : au choix : TMI + prélèvements sociaux ou flat tax de 30 %. Si TMI, abattement de 40 % sur les dividendes. Flat tax pris à la source (avec possibilité de dispense si revenu faible) et régularisation si choix pour la TMI. Plus-values : Impôt pris chaque année sur le résultat annuel (plus-values – moins-values) : choix entre flat tax ou TMI + PS. Si TMI : abattement de 60 % pour les actions achetées avant le 1er janvier 2018 et conservées pendant plus de 2 ans (65 % si plus de 8 ans) Si moins-values > plus-values sur l'année, la perte annuelle peut être reporté sur les plus-values futures pendant 10 ans	Uniquement au moment de la clôture et des retraits (seule la part des gains composant le retrait est imposée) Prélèvement forfaitaire libératoire selon l'âge du plan : 22,5 % + PS avant 2 ans 19 % + PS entre 2 et 5 ans 0 % + PS après 5 ans Si clôture avant 5 ans en perte : report sur les plus-values de compte titres de l'année et pendant 10 ans Si clôture après 5 ans en perte : report sur les plus-values de compte titres de l'année et pendant 10 ans (seulement si les titres du PEA sont intégralement vendus)

Coup de projecteur
Le PEA-PME

Le plan épargne en actions PME est un dispositif gouvernemental destiné à orienter l'épargne des Français vers le financement des petites et moyennes entreprises (PME) et des entreprises de taille intermédiaire (ETI). Il permet de placer jusqu'à 75 000 euros et de bénéficier d'une exonération fiscale des revenus après 5 ans.

Le PEA-PME suit les mêmes règles de fonctionnement que le PEA ordinaire. Ainsi, chaque contribuable français – et chacun des conjoints pour un couple marié ou pacsé soumis à imposition commune – ne peut ouvrir qu'un seul PEA-PME auprès d'un établissement bancaire. Il s'agit d'un placement individuel et il est possible de détenir à la fois un PEA ordinaire et un PEA version PME, la réglementation n'imposant pas que les deux versions de PEA soient ouvertes au sein du même établissement.

Seuls les titres émis par les entreprises ayant leur siège dans un État membre de l'Union européenne (UE) ou de l'Espace économique européen (EEE), de moins de 5 000 salariés, avec un chiffre d'affaires annuel inférieur à 1,5 milliard d'euros ou un total de bilan inférieur à 2 milliards d'euros, sont éligibles. De manière indirecte, sont éligibles les parts d'OPCVM européen dont l'actif est constitué pour plus de 75 % de titres des sociétés éligibles.

Le plan d'épargne en actions de PME ou ETI reprend intégralement les caractéristiques fiscales du PEA dont il n'est qu'une variante.

Recommandation

Les titres éligibles au PEA-PME étant aussi éligibles au PEA, il n'est utile d'ouvrir un PEA-PME que lorsque le PEA est plein (150 000 euros).

Comparateur de courtiers en ligne

	Bourse de Paris			Bourses étrangères	Droits de garde
	Prix par ordre				
	Ordre < 2 000 €	Ordre compris entre 2 000 et 10 000 €	Ordre compris entre 10 000 et 50 000 €		
Binck	Entre 2,5 et 5 €	Entre 5 et 10 €	entre 10 et 50 €	Bourses Amsterdam, Bruxelles, Lisbonne : comme Paris Bourses américaines : 5 € + 0,10 % Bourses européennes : 15 € + 0,15 % Bourse Toronto : 10 € + 0,15 %	Aucun
Bourse Direct	Entre 0,99 et 2,9 €	Entre 2,9 et 9 €	Entre 9 et 45 €	Bourses Amsterdam, Bruxelles : comme Paris Bourses Lisbonne, Madrid, Suisse : 0,20 % min 18 € Bourses américaines : 0,09 % min 8,50 € Bourse Londres et Francfort : 0,15 % min 15 € Autres marchés référencés : 0,48 % min 41,90 €	Paris, Amsterdam, Bruxelles : 0 € Bourses étrangères : 0,036 % annuel
Boursorama	Entre 1,99 et 12 €	0,6 % ou 9,90 € (min 30 ordres/mois)	0,6 % ou 0,12 % (min 30 ordres/mois)	Bourses américaines : 0,12 % min 23,90 € Bourses européennes : 0,45 % min 32,90 €	Aucun
Easy Bourse	Entre 2 et 9 €	Entre 9 et 12 €	Entre 45 et 100 € ou 0,10 % (min 15 ordres/mois)	Bourses américaines et Francfort : 0,12 % min 15 € Bourses européennes : 0,35 %	0 € si min 1 ordre/mois, sinon entre 3 et 6,5 € par mois selon la formule

BforBank	Entre 2,5 et 5 €	0,13 % minimum 10 €	0,13 %	Toute Bourse étrangère : 18 € + 0,23 % sur la part de l'ordre > 7 700 € + Frais de correspondants selon le pays : — Bourses américaines : 0,085 % min 8,5 $ — Bourses Francfort : 0,15 % min 10 € (Xetra 0,1 % min 8 €) — Bourses Amsterdam, Bruxelles, Italie : 0,10 % min 15 € — Bourse Madrid : 0,10 % min 10 € — Bourse Zurich : 0,12 % min 20 CHF — Autres marchés référencés : 0,09 % min 10,5 €	Aucun
ING Direct	Entre 4 et 6 €	Entre 6 et 25 €	Entre 25 et 125 €	Bourses Amsterdam et Bruxelles : comme Paris Bourses américaines, Londres, Madrid, Francfort, Zurich et Lisbonne : 0,50 % min 15 €	Aucun
Degiro	0,25 € + 0,04 %	0,25 € + 0,04 %	0,25 € + 0,04 %	Bourse Bruxelles : comme Paris Bourses américaines : 0,5 € + 0,004 dollar par action Bourse Francfort : 7,5 € + 0,08 % (Xetra 4 € + 0,04 %) Bourses européennes : 4 € + 0,04 % Bourse Toronto : 2 € + 0,01 CAD par action Autres marchés références : 10 € + 0,15 %	Aucun

	Bourse de Paris			Bourses étrangères	Droits de garde
	Prix par ordre				
	Ordre < 2 000 €	Ordre compris entre 2 000 et 10 000 €	Ordre compris entre 10 000 et 50 000 €		
HelloBank	Entre 1,75 € et 13 €	Entre 8 et 48 € (0,20 % min 13 € si au moins 1 ordre/mois)	0,48 % (0,20 % si au moins 1 ordre/mois)	Bourses Amsterdam et Bruxelles : comme Paris Bourses américaines : Tarif Euronext + 15 € Bourses européennes : Tarif Euronext + 25 €. Autres marchés : Tarif Euronext + 0,55 % min 100 €	0,288 % par an si encours compte titres < 150 000 € (0 € au-delà) proratisé au nombre de mois sans ordre exécuté
Fortuneo	Entre 1,95 € et 3,90 €	Entre 4 et 20 € (9,5 € si min 30 ordres/mois)	Entre 20 et 100 euros (entre 9,5 et 60 euros si min 30 ordres/mois)	Bourses Amsterdam et Bruxelles : comme Paris Bourses américaines : 9,5 € jusqu'à 10 000 €, 0,12 % au-delà Bourses européennes : 0,20 % min 20 € + 30 € de frais de brokers étrangers	Aucun
Saxo Banque	Entre 0,9 et 5 €	Entre 5 et 10 €	Entre 10 et 50 €	Bourse Bruxelles : 0,10 % min 12 euros Bourse Amsterdam : 0,10 % min 20 euros Bourses américaines : 0,02 $/action (min 15 $) Bourse Londres : 0,10 % min. 8 £ Bourses Lisbonne, Francfort, Madrid : 0,10 % min. 12 € Bourse Milan : 0,10 % minim 20 € Bourse Zurich : 0,10 % min. 18 CHF Bourse Toronto : 0,03 CAD/	Aucun

Coup de projecteur
Investir en OPCVM

Les OPCVM, plus généralement appelés fonds d'investissement, sont des organismes de placement collectif de valeurs mobilières. Concrètement, il s'agit d'une entité qui va investir sur des produits de placement (actions, obligations, taux...) le capital qu'elle a obtenu en émettant des titres auprès des épargnants. Le fonds appartient ainsi aux épargnants, appelés « les porteurs de parts », qui pourront jouir des rendements et des performances qui seront offerts par l'actif du fonds.

Les OPCVM sont gérés par des sociétés de gestion indépendantes (Carmignac Gestion, La Compagnie financière Edmond de Rothschild, etc.) ou filiales de grands groupes comme BNP Asset Management ou Société Générale Gestion.

La plupart des sociétés de gestion détiennent plusieurs fonds d'investissement correspondant chacun à un type de placement. On retrouve donc, dans la plupart des sociétés de gestion, plusieurs OPCVM qui vont être uniquement investis en actions, classifiés selon leur univers d'investissement (France, Europe, Asie, monde...), mais aussi des fonds investis en obligations ou en produits de taux. Certains fonds investissent indifféremment sur divers actifs en fonction des opportunités.

Dans tous les cas, la performance d'un OPCVM va être étroitement liée à l'évolution de la classe d'actifs sur laquelle il est investi et donc à son indice de référence. Avant de sélectionner un fonds, vous devez donc choisir sur quelle classe d'actifs vous voulez investir. C'est sans doute le plus difficile, étant donné qu'il existe plusieurs dizaines de catégories :

— Fonds d'actions : Il vous faut ensuite choisir la zone (France, Europe, international, émergents, États-Unis, Japon, Allemagne...) et le type d'actions (grandes capitalisations, petites et moyennes caps, valeurs de croissance...)

— Fonds d'obligations : obligation Euro, Dollar, court ou long terme...

— Fonds diversifiés : mixte entre actions et obligations et autres titres (offensif, équilibré, défensif, alternatif…)

La performance d'un fonds va ensuite dépendre de la gestion, mais aussi des frais du fonds. Plus la gestion sera complexe, plus elle entraînera des frais élevés. Pour les trackers, et plus globalement les fonds indiciels, qui ont des frais très faibles et essayent de coller à leur indice, la performance va dépendre quasiment exclusivement de l'indice de référence. Si votre objectif est de suivre un indice, prenez un tracker ou un fonds avec les frais les plus faibles et assurez-vous qu'il réplique bien son indice de référence en regardant les performances du fonds.

Recommandation

Les performances passées d'un fonds sont bien sûr un critère déterminant pour sélectionner son fonds (même si on va vous dire que les performances passées ne préjugent pas des performances futures). Comparez les performances des OPCVM sur un site d'information. Le principal site d'informations et de notations des OPCVM est Morningstar. Pour un fonds noté « 4 ou 5 étoiles », il est logique de payer des frais de gestion un peu élevés. En revanche, quel que soit le type de fonds, il faut s'assurer d'obtenir les droits d'entrée les plus faibles. Les courtiers proposent généralement une liste de fonds de bonne qualité sans frais d'entrée.

Comparateur tarifs OPCVM

	Nombre fonds partenaires	Frais par ordre fonds partenaires	Frais par ordre autres fonds	Droits de garde
Binck	Environ 900	10 € + droit d'entrée (0 à 2 %)	10 € + droits d'entrée (voir notice fonds)	Aucun
Bourse Direct	Environ 500	0 €	Fonds euroclear : 10,76 € + droits d'entrée (voir notice fonds) Fonds non euroclear : 0,48 % min 41,90 € + droit d'entrée (voir notice fonds)	Aucun
Boursorama	Environ 1 500	0 €	2 % min 50 € + droits d'entrée (voir notice fonds)	Aucun
Easy Bourse	Environ 100	0 € par ordre + droit d'entrée (0 à 2 %)	Fonds euroclear : 0,5 % min 20 € + droits d'entrée (voir notice fonds). Fonds non euroclear : selon le fonds et le prospectus AMF (voir notice)	Aucun
BforBank	Environ 2 000	0 €	18 € + droits d'entrée (voir notice fonds)	Aucun
ING Direct	Environ 20	8 €	8 € + droits d'entrée (voir notice fonds)	Aucun
Degiro	non	–	7,5 € + 0,10 % + droit d'entrée (voir notice du fonds)	0,20 % de droit de garde
HelloBank	Fonds du groupe BNP Paribas	0 € de courtage + droit d'entrée 0,25 et 2 %	25 € + droit d'entrée (voir notice fonds)	0,288 % par an si encours compte titres < 150 000 € (0 € au-delà) proratisé au nombre de mois sans ordre exécuté
Fortuneo	Environ 1 400	Courtage 0 € pour ordre < 500 €, 11,96 € au-delà + droit d'entrée (entre 0 et 1 %)	Courtage 0 € pour ordre < 500 €, 11,96 € au-delà + 30 € à la souscription + Droit d'entrée (voir notice fonds)	Aucun

Le coin des pros

Au-delà des actions et des OPCVM, vous pouvez investir dans des produits plus complexes proposés par des établissements financiers qui permettent une exposition plus forte aux variations d'un actif. Des produits de « trading », pour investisseurs relativement expérimentés…

Les warrants

Il s'agit d'un produit émis par un établissement financier (Commerzbank, Citibank, Société Générale, BNP Paribas) et coté en bourse (sur Euronext Paris, par exemple). Il est simple d'utilisation puisqu'un warrant s'achète et se vend exactement comme une action. L'émetteur est chargé de veiller à la liquidité et à la valorisation du produit. Avec un warrant, vous pariez sur le fait qu'un actif appelé « le sous-jacent » (un indice, une action, une devise ou une matière première) va monter (en achetant un « call ») ou va baisser (en achetant un « put ») avant une échéance fixée. Et plus il monte ou il baisse, plus le gain peut être élevé à l'échéance. La valeur du warrant dépend donc du prix du sous-jacent, mais aussi du temps qu'il reste et de la volatilité. L'inconvénient est qu'il est très difficile de calculer la valeur théorique d'un produit et que pour gagner de l'argent, vous avez intérêt à avoir raison sur le sens mais aussi sur le timing. L'avantage est que les warrants ont une forte élasticité. Ainsi, si vous avez raison dans le sens et dans le timing, vous pouvez multiplier fortement vos gains par rapport à un investissement en direct dans le sous-jacent.

Le turbo

Petit frère du warrant, il s'est imposé comme le produit le plus traité en bourse, car son fonctionnement est plus simple à comprendre. La valeur du produit dépend du prix du sous-jacent et de sa différence par rapport au prix de référence (le « strike ») du turbo. Mais surtout, tout ce qu'il faut retenir, c'est qu'à cette valeur est associé un levier : par exemple, pour un turbo avec un levier de 10, si le sous-jacent gagne 2 %, le turbo va gagner ou perdre (selon qu'il est dans le bon sens) 20 %. Le potentiel est donc illimité : un turbo avec un levier de 50 peut gagner 1000 % si le sous-jacent gagne 20 %. En revanche, la perte est limitée à l'investissement de départ. Si le turbo perd 100 %, il y a un mécanisme, « la barrière », qui désactive le produit. C'est un inconvénient, car vous perdez votre mise, mais cela permet aussi de limiter la perte à l'investissement de départ. L'avantage par rapport aux warrants, c'est qu'il n'y a pas de « valeur temps », même si certains turbos ont une échéance : à laquelle ils sont remboursés de leur valeur théorique. D'autres sont « illimités » : pas d'échéance mais la barrière désactivante évolue régulièrement (généralement chaque mois) et se rapproche petit à petit du prix du sous-jacent. Cela reste donc des produits de court terme.

Le SRD

Le SRD est un service proposé par un marché boursier (Euronext Paris, notamment) qui permet de reporter le règlement et la livraison de certains titres à la fin du mois boursier. Il est ainsi possible d'acheter ou de vendre à découvert un titre en différant son règlement. Par exemple, vous pouvez acheter pour 100 000 euros d'une action sans débourser les liquidités, le courtier va juste vous demander de mettre un minimum en dépôt : 10 %, 5 % voire moins. Si à l'échéance les actions valent 110 000 euros (+10 %), vous allez pouvoir déboucler votre position (c'est-à-dire acheter pour 100 000 euros des actions et le revendre 110 000 euros) et gagner ainsi 10 000 euros. Pour un dépôt de 5 % (5 000 euros) vous avez multiplié votre mise par 3 (+150 %), soit un levier de 15. Le SRD n'est pas autorisé sur toutes les valeurs. Sur Euronext, il concerne uniquement les principales sociétés françaises et étrangères négociées à Paris. Les frais sont plus élevés qu'un achat au comptant car il faut ajouter aux frais de courtage classique une commission SRD (environ 0,025 % par jour) puisque le courtier considère qu'il vous avance de l'argent.

À la fin du mois, si vous ne débouclez pas votre position, vous pouvez la reporter sur le mois suivant (moyennant des frais…), mais si vous êtes en perte et que vous n'ayez pas assez de liquidités sur votre compte, le courtier va réaliser « un appel de marge », et vous demander de reverser sur votre compte : la perte peut ainsi dépasser la mise de départ.

Les contrats à terme (ou *futures*)

Un *future* est un contrat standardisé négocié sur un marché boursier spécialisé (Liffe, Monep…) permettant de s'engager sur un prix pour une quantité déterminée d'un produit donné (le sous-jacent) à une date future. Il est utilisé par les agents économiques qui cherchent une protection contre le risque de fluctuation des prix des matières premières ou des indicateurs financiers… et par les spéculateurs qui viennent, eux, tenter de réaliser des gains en pariant sur l'évolution des cours. L'intérêt de ces produits est le levier : pour une exposition à un contrat CAC à 5 400 points, votre courtier ne vous demandera que 5 %, voire 1 % de la mise. Mais même si vous mettez 10 %, soit 540 euros, vous aurez une exposition à 5 400 euros, soit un levier de 10. Si le CAC gagne 54 points (+1 %), vous gagnez 54 euros, soit +10 % par rapport à votre mise de départ. Ces produits restent destinés à des investisseurs aguerris : il faut maîtriser le levier, le minimum de dépôt, le report ou le débouclage d'une position, et les appels de marge. La perte peut être plus forte que la mise de départ.

Les CFD

Les CFD ou *contract for difference* ont été introduits en France il y a tout juste quelques années. Ils ne sont pas cotés et on les trouve chez des brokers spécialisés. Ces produits ont l'avantage d'obéir à des règles de calcul très simples. Un CFD est tout simplement un contrat stipulant que la différence entre le cours d'achat et le cours du jour, gain ou perte, sera créditée ou débitée sur le compte du client. Investir dans un CFD revient exactement au même que d'investir sur le sous-jacent, le levier en plus. Le levier fonctionne comme pour un future : pour acheter un titre, vous n'êtes pas obligé de financer tout l'achat, on vous demande juste un minimum de dépôt (1 %, 5 %, 10 %, selon le type de sous-jacent). Dès lors, vous pouvez être exposé à 100 % de la variation d'un actif en n'ayant investi que 1 % de la valeur de cet actif...

On trouve des CFD sur un très grand nombre de sous-jacents : actions, indices, matières premières, devises, etc. Les frais sont plus faibles que pour les warrants et les turbos et il n'y a pas de valeur temps. Mais comme pour les futures, il y a des appels de marge et la perte peut dépasser l'investissement de départ.

☛ **ATTENTION : Nous sommes dans le coin des pros. Ces produits ne sont pas à mettre entre toutes les mains...**

5

L'IMMOBILIER : C'EST VOTRE PASSION, MAIS GARDEZ UN PEU LA RAISON !

L'immobilier représente 55 % du stock d'épargne des ménages français. 55 % d'un total de 12 000 milliards d'euros de patrimoine. Un patrimoine qui, selon la Banque de France, a doublé sur les vingt dernières années principalement… grâce à la progression des prix de l'immobilier.

L'immobilier n'est pas simplement un placement en France, c'est une passion.

Les Français ont un attachement viscéral à la pierre.

On aurait pu imaginer qu'avec l'évolution récente de la société et un rapport à la propriété en général qui a changé (on loue, on partage, on échange), le rapport à la détention d'un bien immobilier aurait changé. Il n'en est rien. Même pour les millennials, l'achat de la résidence principale reste un objectif. Airbnb a peut-être eu un impact sur l'attrait des résidences secondaires, mais rien dans les tendances récentes n'a détourné les Français de l'immobilier. Malgré une hausse significative des prix, principalement dans les villes, grandes et moyennes – une hausse spectaculaire en 2017 qui a amené les prix sur des nouveaux records.

Il faut dire que pour l'immobilier, ce qui a vraiment changé, c'est le financement. Les taux d'intérêt, du fait du contexte économique international post crise et de la politique ultra-laxiste des banques centrales, ont significativement chuté, permettant une envolée du pouvoir d'achat immobilier.

Cet attachement à l'immobilier a profité aux Français et leur a permis d'accroître leur patrimoine.

Mais qu'en est-il aujourd'hui ?

Doit-on continuer à investir dans l'immobilier ? Si oui, à quel âge ? Comment ? Dans une résidence principale, l'immobilier locatif ou la pierre papier ? Les réponses ne sont pas aussi évidentes que vous pouvez le penser.

La résidence principale : chasse aux idées reçues !

Détenir ou non sa résidence principale ?

C'est l'une des préoccupations majeures des Français. La culture de la résidence principale est un héritage des années 1970-80 ; et les principes « avoir son propre toit » et ne pas « jeter l'argent par les fenêtres dans un loyer » sont aujourd'hui toujours respectés.. D'ailleurs, l'histoire donne raison à ceux qui ont fait par le passé l'acquisition de leur résidence principale, du fait de la progression constante des prix de l'immobilier. Pourtant, aujourd'hui, compte tenu des changements que nous traversons, le principe n'est plus aussi évident pour tout le monde.

L'écueil de la rigidité

Le principal problème de « l'investissement » dans une résidence principale est sa rigidité : contraintes géographiques, psychologiques, financières et patrimoniales.

Vous devez acquérir votre résidence principale dans la période de votre vie pour laquelle vous avez le plus de visibilité et de stabilité, aussi bien professionnellement que personnellement. Cette période de votre vie, même si chaque personne est un cas particulier, couvre, en large, la tranche 35 ans-65 ans. Avant c'est, sauf cas spécifiques, peut-être tôt. Après, c'est sans doute trop tard.

Vous avez changé

On ne peut plus raisonner « comme avant » pour la résidence principale :

— L'installation dans le monde professionnel est plus tardive

La plupart des salariés actifs seront amenés à changer plusieurs fois de jobs et d'entreprises, s'ils ne sont pas indépendants ou entrepreneurs. Par conséquent, ils changeront aussi de lieux de vie tout au long de leur « carrière » – si le terme existe encore dans quelques années. Selon l'INSEE, dans une dizaine d'années un salarié changera 4,5 fois de job dans les premières années de sa vie professionnelle. Conséquence directe : un besoin de souplesse, de réactivité, de mobilité souvent incompatible avec l'achat d'une résidence principale, qui ne peut s'envisager qu'à long terme.

— La « stabilité » de la vie personnelle arrive elle aussi plus tardivement

Du fait de l'allongement de la durée des études, de mariages ou concubinages de plus en plus tardifs, de naissances des premiers enfants régulièrement décalées, la stabilité personnelle, condition également essentielle à un achat immobilier « raisonné », est repoussée dans le temps. Et cette stabilité est perturbée par l'explosion du nombre de divorces et de séparations, des évènements qui remettent en cause totalement la gestion de la résidence principale.

Le contexte a changé

On ne peut plus raisonner comme « avant ».Pour acheter sa résidence principale, il faut souvent passer par la case emprunt. Or, compte tenu de la flambée des prix de l'immobilier, la durée d'un crédit atteint aujourd'hui facilement 25 ans et au-delà. Pendant les 8 premières années, vous ne remboursez que les intérêts d'emprunt. Ce n'est qu'à partir de la neuvième année que vous commencez à rembourser le capital. Et en huit ans, de nombreux évènements peuvent se produire, changements professionnels ou personnels. La durée de détention de votre premier achat de résidence principale dépasse rarement les huit ans...

La perspective de plus-value pourrait vous pousser à vous précipiter pour acquérir votre résidence principale. Mais elle n'est pas garantie, ce n'est absolument pas une certitude. Et il faut tenir compte évidemment des frais d'acquisition qui provoquent des frottements totalement dissuasifs en cas de besoin de revente rapide. L'allongement de la durée de la vie est également un frein à l'acquisition prématurée de sa résidence principale : on hérite (si on hérite) de plus en plus tard, or l'apport pour l'acquisition d'un bien immobilier est souvent facilité par une transmission.

En conclusion, acheter sa résidence principale, oui. Pour des raisons financières et patrimoniales mais aussi et peut-être principalement psychologiques. **Mais pas trop tôt** compte tenu de tous les changements que nous traversons. Retarder le moment de l'achat de sa résidence principale ne signifie cependant pas ne rien faire en attendant. Il faut mettre en place des placements en phase avec cette période de relative instabilité : des montants d'investissements moins élevés, plus progressifs, des placements plus flexibles. Nous en reparlerons.

En revanche, dès que vous avez suffisamment de visibilité, l'achat de la résidence principale est un investissement incontournable. Un investissement qui vous permet, grâce à un effort d'épargne régulier, de vous constituer

un capital. C'est d'ailleurs cette ressource qui constitue aujourd'hui le principal capital retraite des épargnants français.

Financer sa résidence principale

Une fois la décision d'achat prise, il faut définir une stratégie de financement. Gardez à l'esprit que la résidence principale ne permet pas d'optimisation patrimoniale. L'objectif est donc, et j'insiste là-dessus, de rembourser le plus vite possible le crédit contracté pour retrouver le plus rapidement possible un potentiel d'épargne et de création de richesse.

La résidence principale a donc, quand le timing est bon, toute sa place dans votre gestion de patrimoine, car elle apporte un vrai plus en termes de sécurité, de sérénité et de bien-être. Cependant, n'oubliez pas que c'est un bien d'usage. Pas un véritable investissement qu'on cherche à optimiser. Le crédit est une nécessité, il permet d'améliorer la capacité d'achat, mais il ne dégage pas de performance. Et la résidence principale ne génère aucun revenu, ni aucun intérêt particulier, fiscal ou successoral et l'espoir de plus-value est toujours hypothétique. Elle permet de structurer votre patrimoine, mais sans autre avantage, comme l'épargne de précaution.

À partir du moment où vous décidez d'emprunter pour financer votre résidence principale, vous entrez dans une course de vitesse. Il faut rembourser votre crédit le plus vite possible pour retrouver une capacité d'emprunt qui pourra être mieux utilisée ; par exemple dans l'immobilier locatif avec effet de levier. Car contrairement à la résidence principale, l'immobilier locatif a une rentabilité : le crédit n'est plus alors une nécessité, mais un atout qui permet d'accroître ses revenus, sa surface financière, avec une éventuelle optimisation fiscale.

Dès lors, dès que vous avez une rentrée d'argent, une prime ou un héritage par exemple, n'hésitez pas. Plutôt que de chercher à « placer » ce capital, remboursez totalement ou partiellement le crédit sur votre résidence principale. Avec le même effort d'épargne mensuel, vous pourrez acquérir un bien immobilier locatif d'une valeur plus élevée, car les revenus locatifs vont financer en partie son acquisition. C'est ça, la magie de l'effet de levier.

La résidence principale pour les retraités

L'immense majorité des retraités ne se posent aucune question sur la résidence principale, dont le crédit a généralement été remboursé, et qu'ils considèrent comme une partie essentielle de leur patrimoine, une partie essentielle et donc intouchable.

Je vais peut-être vous étonner, mais la question se pose, pour un retraité, de vendre sa résidence principale. Je sais, tout propriétaire, surtout de longue durée, a développé un attachement psychologique très fort à sa résidence principale et vous n'envisagez absolument pas de vendre votre maison et vos souvenirs avec ! Et vous avez sans doute raison. Car souvent la dimension affective l'emporte sur toutes les autres considérations.

Mais si ce n'est pas tout à fait votre cas, voici quelques raisons pour éventuellement considérer la vente de votre résidence principale, au profit d'une location et vous constituer un capital à placer :

- Adapter la surface de votre résidence

Quand on est un jeune couple, notamment avec des enfants, plus la résidence principale est grande, mieux c'est : Tout le monde a sa chambre, voire sa salle de bains, et s'il y a des pièces en trop, on peut faire un dressing, un bureau pour les parents, une salle de jeux pour les enfants... Mais vous n'avez plus les mêmes besoins à la retraite. Et pour votre jardin vous préféreriez un petit potager qu'un grand terrain de foot.

- S'approcher du centre-ville

Les retraités préfèrent plutôt les grandes villes à la campagne, pour simplifier leur vie quotidienne. Alors qu'entre 25 et 44 ans, on aime souvent vivre en périphérie d'un centre urbain ou dans un petit village, environ 60 % des plus de

55 ans choisissent de vivre en agglomération contre un peu plus de 25 % en périphérie et 13 % dans un petit village.

- Trouver une résidence adaptée à votre âge

Un senior qui décide de conserver la résidence familiale va devoir, avec le temps, effectuer des travaux pour adapter le bien à sa condition. Par exemple, il descendra sa chambre au rez-de-chaussée ou installera des équipements spécifiques. Ces travaux ont un coût, qui ne se répercutera pas sur la valeur de la maison, puisque les futurs acheteurs n'en auront probablement pas l'utilité.

- Avoir un capital grâce à la cession pour profiter de la retraite…

Selon une étude de l'Observatoire national de la pauvreté et de l'exclusion sociale (ONPES), il faut 1 150 euros par mois, à une personne seule retraitée, pour « vivre décemment ». Et avec 1 380 euros par mois de pension, le retraité « moyen » a un budget très serré pour « vivre décemment ». Sans compter votre budget « loisirs », « voyages » ou encore « petits-enfants », car votre retraite, vous comptez bien en profiter. Or la résidence principale ne rapporte rien. Elle coûte de l'argent. Et la céder permet de se constituer un capital qui génère des revenus

- Se protéger de la dépendance

Augmentation des frais médicaux, répercussion sur les cotisations des complémentaires santé, coût de la dépendance etc., les dépenses de santé augmentent de manière exponentielle avec l'âge. Selon le conseil d'orientation des retraites, les dépenses de santé font plus que doubler entre 35 ans et 75 ans. Là encore, vous avez besoin de revenus.

- Donner un coup de pouce à vos enfants

La bonne nouvelle, c'est que nous vivons plus vieux et en meilleure santé qu'il y a 20 ans. La mauvaise nouvelle, c'est que nos enfants héritent de plus en plus tard… Naturellement, vous avez envie de leur donner un coup de pouce pour leurs projets, une aide pour payer leur permis, acheter leur résidence principale, ou meubler la chambre des petits-enfants.

• Ne pas transmettre à vos enfants un bien compliqué à vendre

Au décès des parents, s'ils laissent plusieurs enfants, ceux-ci vont se retrouver propriétaires en indivision du bien. Une situation qui peut être source de nombreux problèmes :

— Lorsqu'un enfant n'a pas les liquidités pour payer les droits de succession ;

— Lorsqu'un des enfants souhaite vivre dans le bien ;

— Lorsqu'il y a un désaccord entre les enfants sur la gestion des biens, la réalisation de travaux ;

— Lorsqu'un seul des enfants souhaite vendre le bien.

• Ne pas vous trouver en indivision avec vos enfants

La très grande majorité des parents, au décès du conjoint, se retrouve en indivision avec ses enfants. Une donation au dernier vivant ne change rien. Seul le régime de la communauté universelle, et seulement s'il y a une clause d'attribution de la pleine propriété, permet d'éviter cette situation gênante, qui peut devenir conflictuelle si par exemple des travaux, que le parent veut effectuer, ne sont pas approuvés par les enfants.

Conclusion

Je sais. Ce n'est pas un sujet évident, mais je devais l'aborder car, ici encore, le monde et les mentalités ont changé. Vendre sa résidence principale quand on est retraité est une véritable option à laquelle il faut réfléchir. Les besoins des retraités sont plus proches de ceux qu'on a à 30 ans en termes de flexibilité que ceux qu'on a entre 35 et 60 ans quand on achète sa résidence principale. Voyez ça plutôt comme une seconde jeunesse…

Un retraité doit donc au moins envisager l'idée de vendre sa résidence principale pour booster son patrimoine, en redevenant locataire d'une surface plus appropriée, dans un lieu plus adapté et en privilégiant des placements plus liquides et rentables comme l'assurance-vie ou les SCPI s'il souhaite garder un pied dans l'immobilier.

Insistons sur ce point : par construction, sans jeu de mots..., et par ce qu'elle représente, la résidence principale correspond à une réalité patrimoniale rigide et de temps long. Elle ne peut s'intégrer que dans des périodes de la vie à bonne visibilité. Avec un horizon clair et dégagé.

Évoquer la résidence principale est évidemment un exercice paradoxal. Simple en théorie, complexe en réalité car il va bien au-delà de l'aspect patrimonial, compte tenu de sa dimension psychologique et affective.

L'immobilier locatif : un élément essentiel d'une bonne gestion de patrimoine, mais à utiliser en respectant des règles extrêmement strictes !

Contexte

Culturellement, les Français sont attachés à l'immobilier. Le caractère « solide » et « réel » crée cependant un manque de lucidité quant au soin apporté à la sélection et la gestion des placements mobiliers.

C'est une réalité, l'immobilier a favorisé l'enrichissement de plusieurs générations. Pourquoi ? Dans un cycle économique soutenu par une démographie avantageuse et une inflation favorable, la hausse de valorisation a été forte pour les détenteurs d'immobilier. Et évidemment aussi pour l'immobilier locatif acquis via le levier du crédit. Pour ces générations, une grande partie de la construction patrimoniale s'est faite grâce au crédit sur l'immobilier locatif.

Les époques ont changé. Les générations aussi. Et pourtant, pour créer du patrimoine aujourd'hui, en particulier avec le niveau historiquement bas des taux d'intérêt, le meilleur moyen consiste toujours à mettre le levier du crédit au bon endroit.

Dans une phase de construction patrimoniale, vous pouvez bénéficier de deux types d'entrées d'argent :

— L'effort d'épargne mensuel réalisé par votre ménage grâce à une bonne gestion de votre budget ;

— Les entrées d'argent ponctuelles comme un héritage, une prime de départ, la cession d'une société ou d'une participation ou, rêvons un peu, un gain au jeu.

Le but va donc être d'optimiser cette épargne : même sans inflation, il faut utiliser le levier du crédit pour augmenter votre rendement.

NB : il n'y a pas de levier sur la résidence principale car celle-ci ne génère pas de rendement. C'est un bien d'usage.

Diagnostic

Pour vous construire un patrimoine confortable à long terme, vous n'avez pas le choix : vous devez réussir à mettre de côté chaque mois une partie de vos revenus. Quelle que soit la somme épargnée. Vous seriez surpris de voir que, en mettant 10 %, 5 % voire 3 % de votre salaire mensuel de côté, et en actionnant les bons leviers pour cette épargne, on arrive à un patrimoine significatif au bout de 15 ans.

Pour bénéficier du **meilleur moteur pour votre épargne mensuelle, vous avez deux possibilités**. La première, c'est de **trouver LE placement financier qui fera les meilleures performances sur 15 ans**. Avec les taux aussi bas, vous allez forcément vous tourner vers les actions. Mais quelle zone ? Quel secteur ? Quel fonds ? À moins que vous ne tentiez un placement alternatif comme l'or, le *private equity*, ou encore des placements plus exotiques comme le bitcoin ou le diamant ? Quel que soit votre choix, il s'accompagnera forcément d'un risque plus élevé. Et comme vous ne pouvez pas vous permettre de mettre tous vos œufs dans le même panier, vous allez diversifier ce risque, et cela va se ressentir sur votre performance à long terme.

La **deuxième possibilité, c'est de vous endetter pour investir en immobilier locatif** et d'utiliser votre épargne mensuelle, et les loyers perçus, pour rembourser le crédit.

Certes, les prix de l'immobilier en France ont été multipliés par 3 en 30 ans. Cela représente une hausse annuelle de 4 %. Mais il y a un deuxième moteur qui contribue à l'enrichissement par l'investissement immobilier : le crédit. C'est même le facteur-clé, notamment parce que c'est un moteur invariable (qui ne dépend pas de la performance d'un marché). **L'immobilier locatif à crédit donne un effet de levier**, dans la mesure où il permet de placer dès aujourd'hui, non pas le capital qu'on a, mais le capital qu'on aura dans une quinzaine ou une vingtaine d'années. Les rendements sont donc calculés sur une base bien plus forte, et contribuent partiellement à rembourser les mensualités de crédit et donc à limiter l'effort d'épargne à sortir chaque mois. Au bout du compte, le patrimoine qu'on obtient au bout de 15 ans pour un investissement à crédit est bien plus élevé que si on avait versé chaque mois les mêmes sommes dans un placement financier, même quand ce placement s'est révélé performant.

Et l'immobilier dans tout ça ? Il ne s'agit en fait que d'une nécessité, un prétexte pour pouvoir faire du crédit, même si on peut toujours espérer que l'immobilier garde dans les années futures son historique de solidité, de stabilité des rendements et d'espérance de performance à long terme.

Recommandation

Même si on ne peut préjuger de la performance et du rendement que donnera un investissement immobilier dans les 15 prochaines années, allouer sa capacité d'épargne mensuelle à un crédit immobilier sera souvent plus intéressant que de l'affecter chaque mois à un placement financier dans la plupart des scénarios, à condition de bien sélectionner le bien immobilier et de respecter les règles.

Vous privilégierez donc un investissement à crédit, mais à condition de remplir ces 6 prérogatives :

1. Pouvoir dégager une capacité d'épargne mensuelle régulière.
2. Avoir une visibilité sur cette capacité d'épargne sur au moins 10 ans.
3. Accepter une forme de rigidité : contrairement à une épargne programmée, vous n'avez pas la possibilité de stopper vos versements, ne serait-ce qu'un mois.
4. Détenir au préalable une épargne de précaution de plusieurs milliers d'euros.
5. Choisir l'investissement immobilier le mieux adapté à sa situation : Bénéfices Industriels et Commerciaux pour dégager des revenus non fiscalisés, SCPI pour un investissement souple et plus liquide, programmes défiscalisant pour réduire ses impôts, etc.
6. Ne pas oublier que la qualité du bien sélectionné reste un critère important : état, facilité à louer, frais et charges raisonnables, etc.

Une des meilleures façons de se constituer un patrimoine entre 30 et 60 ans est d'investir à crédit – j'insiste bien : à crédit – dans l'immobilier locatif.

Naturellement, quelques questions essentielles se posent :

— **Dois-je m'en occuper moi-même ?**

Si vous avez du temps, êtes bricoleur, aimez l'administratif et connaissez spécifiquement un secteur géographique qui vous permet de réaliser « un bon coup », alors sans aucun doute allez-y. Sinon, privilégiez un investissement en bon état qui vous apportera certes un moins grand espoir de performance mais aussi beaucoup moins de souci...

— **Dois-je opter pour la location nue ou meublée ?**

La réponse est fiscale. Dès que vous ambitionnez un projet d'immobilier locatif, il faut anticiper les conséquences fiscales dans le temps qui peuvent être dans certain cas dévastatrices.

Entre votre tranche marginale d'imposition et la CSG, la rentabilité finale des revenus fonciers issus de la location nue peut être grandement érodée.

Vous pouvez alors privilégier la location meublée afin de bénéficier de l'amortissement comptable des biens dans un environnement de recettes éligibles au BIC.

Concrètement, cela signifie que l'on peut déduire des loyers encaissés la plupart des charges acquittées (par exemple les coûts d'acquisition d'immeuble, les frais de comptabilité). Et, surtout, on peut amortir à la fois les meubles et les immeubles, lorsqu'on est soumis au régime réel des BIC. Cet amortissement constaté est censé matérialiser la dépréciation des biens dans le temps. Or, il correspond de fait à une charge non décaissée. Et cela change tout pour un même loyer perçu, comme l'illustre le schéma ci-dessous.

Base imposable à l'impôt et aux prélèvements sociaux

Source : monfinancier.com

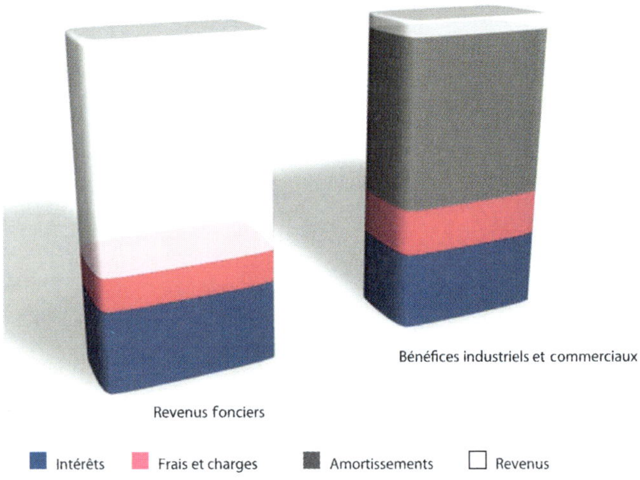

— Dois-je investir en Pinel ?

Les lois se succèdent depuis 30 ans sur l'immobilier neuf. Ce dispositif peut contribuer à la rentabilité de votre projet, à condition d'être conscient des inconvénients de tout investissement défiscalisant (voir plus bas : la défiscalisation). Soyez donc très vigilant sur la localisation et n'ambitionnez pas de trop forte plus-value à la revente du bien.

— **Dois-je acheter en SCI ?**

La SCI soumise à l'impôt sur le revenu est transparente fiscalement. Beaucoup trop de SCI ne servent à rien d'autre qu'à faire travailler les notaires. La vertu de la SCI se situe dans la capacité à gérer les pouvoirs par la rédaction des statuts, notamment en cas de transmission. Attention : pas de SCI à l'IR pour investir en meublé.

— **Que faire quand je n'ai plus de crédit ?**

Comme je vous l'ai déjà dit, tout est une question d'imposition des revenus, donc de charges. Dans les locations nues, l'absence de charge de crédit détériore le plus souvent la rentabilité de l'exploitation du bien.

— **À quel moment dois-je vendre ?**

Ne vous attachez pas à votre parc immobilier locatif. Ce n'est pas un bien d'usage comme votre résidence principale ou votre maison de campagne. C'est un projet d'enrichissement et de création de patrimoine. Quand le projet est arrivé à son terme, vendez !

☛ **Il faut envisager de liquider tout ou partie de son parc immobilier locatif avant 70 ans, afin de transférer le patrimoine vers des placements notamment d'assurance-vie.**

Coup de projecteur
La loi Pinel

Le dispositif de défiscalisation Pinel donne au propriétaire d'un bien immobilier locatif l'accès à une réduction d'impôt sur le revenu, en contrepartie d'un engagement de location, sous certaine condition.

Tout d'abord, pour profiter de la carotte fiscale, l'investissement doit cibler un **logement neuf.**

Ensuite, vous devez louer à des locataires dont les revenus ne dépassent pas certains plafonds (pour un couple avec un enfant, le plafond de ressources 2018 s'élève à 66 699 euros en zone A, soit dans les principales villes de la grande couronne parisienne et autres grandes villes comme Lille, Marseille ou Lyon). Par ailleurs, avec le Pinel, vous pouvez louer le logement à l'un de vos ascendants ou de vos descendants, à condition qu'il soit détaché de votre foyer fiscal. Une possibilité qui n'existait pas avec l'ancien dispositif Duflot. Votre locataire familial (un enfant, par exemple) doit satisfaire aux conditions de ressources définies par la loi Pinel.

De plus, le loyer doit être inférieur à un plafond fixé par décret : 12,50 euro€ le mètre carré en zone A en 2018.

Enfin, vous devez vous engager sur une durée de location de 6 ou 9 ans, avec une « possibilité de proroger cet engagement jusqu'à 12 ans, par périodes de 3 ans ».

Pour une durée de 6 ans de location, l'avantage fiscal revient à 12 % de l'investissement global (plafonné à 300 000 euros), 18 % pour 9 ans et 21 % pour 12 ans. Soit **une réduction d'impôt allant jusqu'à 63 000 euros** sur 12 ans, **à raison de 5 250 euros par an.** Autre bon point pour le Pinel, **celui-ci autorise le déficit foncier**, ce qui permet d'accroître la réduction d'impôts, sans entrer dans le plafonnement des niches fiscales.

Le Pinel a failli connaître un tragique destin. Finalement, ce dispositif a été maintenu pour quatre années, soit jusqu'au 31 décembre 2021. Mais « compte tenu de son coût croissant pour les finances publiques », il a été recentré « sur les zones géographiques où la tension entre l'offre et la demande de logements est la plus forte ».

Étude de cas : emprunter ou placer ?

Thomas vient d'avoir 40 ans. Plutôt épicurien, il ne s'est jamais soucié de mettre de l'argent de côté, malgré un salaire confortable, qu'il dépense en voyage et en sorties. Mais l'âge de raison est arrivé et Thomas souhaite allouer 300 euros de son salaire chaque mois à une épargne dont il pourra profiter dans 15 ans.

Thomas a donc pris rendez-vous avec un conseiller financier, qui va lui proposer cette alternative :

- Investir 300 euros par mois, sans frais d'entrée, dans un placement financier qui devrait lui offrir entre 2,5 % et 7,5 % de rentabilité par an.

- Emprunter 98 000 euros à 2,20 % sur 15 ans, pour acheter un bien immobilier de 90 160 euros (après les frais de notaire de 8 %), lui garantissant des rendements de 4,5 % par an. Sa mensualité de crédit s'élève à 638 euros et ses loyers perçus à 338 euros. Son effort d'épargne est donc de 300 euros par mois. Au bout de 15 ans, il peut espérer une revalorisation de son bien entre 0 et 4 % par an.

Quel est le meilleur choix pour Thomas ?

	Placement financier	Placement immobilier (rendement 4,5 %)
Hypothèse pessimiste : Performance annuelle de 2,5 % pour le placement financier Pas de revalorisation de l'investissement immobilier	Capital au bout de 15 ans : 67 572 euros Total des sommes versées : 54 000 euros **Gain de l'opération : 13 572 euros**	Valeur du bien au bout de 15 ans : 90 160 euros Total des sommes versées : 54 000 euros **Gain de l'opération : 36 160 euros**
Hypothèse moyenne : Performance annuelle de 5 % pour le placement financier, revalorisation de 2 % par an de l'investissement immobilier	Capital au bout de 15 ans : 79 147 euros Total des sommes versées : 54 000 euros **Gain de l'opération : 25 147 euros**	Valeur du bien au bout de 15 ans : 118 964 euros Total des sommes versées : 54 000 euros **Gain de l'opération : 64 964 euros**
Hypothèse optimiste : Performance annuelle de 7,5 % pour le placement financier, revalorisation de 4 % par an de l'investissement immobilier	Capital au bout de 15 ans : 96 916 euros Total des sommes versées : 54 000 euros **Gain de l'opération : 42 916 euros**	Valeur du bien au bout de 15 ans : 156 128 euros Total des sommes versées : 54 000 euros **Gain de l'opération : 102 128 euros**

En conclusion, même dans une hypothèse assez pessimiste d'un bien immobilier qui ne se revalorise pas pendant 15 ans, le taux de rendement interne (TRI) de l'investissement à crédit est quand même de 6,61 % par an. Difficile de trouver mieux comme placement financier sans prendre beaucoup de risques. Et naturellement, lorsqu'on applique au bien immobilier une revalorisation de 2 % ou 4 % par an, l'effet de levier est encore plus important et le placement immobilier à crédit est encore plus intéressant.

La SCPI (société civile de placement immobilier) ou « pierre-papier » : un bon placement, mais pas une solution miracle

Contexte

La SCPI a le vent en poupe. Même si leurs rendements s'érodent, les SCPI présentent un bilan très attractif. Entre un rendement souvent supérieur à 4 %, des revalorisations assez régulières (même dans un monde à inflation faible), et le sentiment toujours confortable apporté par le sous-jacent immobilier (cher aux épargnants français), le tout sans aucun souci associé à la détention (pas de notaire, de gestion du bien, de travaux, etc.), ce placement a tous les atouts pour satisfaire l'épargnant. C'est également le moyen d'accéder au marché de la location de bureaux ou de locaux commerciaux dont le particulier est habituellement exclu.

Diagnostic

La SCPI, la pierre-papier, a les avantages de la pierre, et les avantages du « papier ». L'investissement mutualisé permet d'éviter les carences, les vacances locatives totales, offre un confort administratif et fiscal optimal (ni notaire ni taxe foncière) et un accès au marché de bureaux.

Même si le « papier » est une part d'un ensemble de biens immobiliers, comme une action est une part d'une société cotée, la liquidité n'est évidemment pas la même et c'est un élément dont il faut absolument tenir compte. Beaucoup ont déjà oublié la crise immobilière des années 1990 qui avait provoqué des pertes traumatisantes pour les porteurs de SCPI du fait, en partie, du manque de liquidité.

Même sous sa forme papier, rappelons-le, la liquidité n'est pas instantanée. Il faut donc envisager cet investissement à long terme, exactement comme l'immobilier en direct. Mieux vaut ne pas avoir besoin de vendre dans un cycle immobilier baissier, et nul ne peut affirmer qu'il n'y en aura pas dans les années qui viennent.

Recommandations

Il existe près de 200 SCPI. Il est indispensable d'avoir un filtre de sélection exigeant, voire une diversification dans son investissement.

Il faut donc étudier :

— La taille : C'est un peu comme quand on investit en bourse : plus la SCPI est grosse, plus elle sera solide. Mais comme les petites et moyennes valeurs cotées (les small & mid caps), une SCPI de petite taille aura un potentiel de revalorisation plus grand, même si elle est plus risquée.

— Le secteur : Certains secteurs sont plus attractifs que d'autres mais l'investisseur devra surtout diversifier les secteurs, en passant par exemple par plusieurs SCPI spécialisées.

— Le rendement historique : Évidemment, les performances passées ne préjugent pas de performances futures, mais regardez les palmarès de performance et jugez les meilleures SCPI. S'il y a des accidents, on retrouve souvent les mêmes en haut des classements.

— Le taux d'occupation : Il s'agit du taux d'immeubles loués par la SCPI. On peut en déduire le taux de vacance du parc immobilier géré par la SCPI. Cela permet de juger la capacité d'une SCPI à louer ses biens : on évitera les SCPI avec un taux inférieur à 85 % d'occupation.

— Le report à nouveau : Chaque SCPI a une trésorerie de côté pour couvrir les impayés et les locaux vides. Plus ce montant est élevé, plus on est en sécurité par rapport à la stabilité du rendement.

— Les frais : Rappelez-vous qu'il s'agit d'un placement immobilier. Et donc que les frais comprennent les taxes et frais de notaire et éventuellement les frais d'agence, en plus des frais perçus par la SCPI. Des frais d'environ 10 % sont donc tout à fait courants sur ses produits. Notez quand même que les rendements qui sont communiqués (au-dessus de 4 % actuellement) sont nets de frais d'entrée. Ainsi, 1 000 euros investis rapportent 40 euros avant impôt, quels que soient les frais d'entrée.

— Valeurs liquidatives *versus* valeurs de réalisation : La valeur liquidative de la SCPI, communément appelée valeur de retrait, correspond au montant auquel on peut vendre la SCPI. C'est un peu sa cotation. La valeur de réalisation correspond à la valeur vénale des immeubles de la SCPI, plus les autres actifs (trésorerie...). Si la valeur de réalisation est supérieure à la valeur de retrait, cela signifie que la SCPI est décotée. On peut donc s'attendre à une revalorisation du prix de la part, et donc une plus-value latente pour l'investisseur.

L'investissement en capital

Pour beaucoup d'entre vous, le frottement fiscal des loyers sera trop important. Il faut alors faire preuve d'une certaine finesse. 4 solutions alternatives s'offrent à vous :

— La SCPI dans l'assurance-vie : Lorsque la SCPI est une unité de compte d'un contrat d'assurance-vie, c'est la fiscalité de l'assurance-vie qui s'applique (donc uniquement en cas de retrait, sur la part de gain compris dans le retrait, et avec une fiscalité douce sur les contrats de plus de 8 ans).

— Les SCPI investies à l'étranger et notamment en Allemagne : Selon la convention fiscale, le taux d'imposition du pays de situation du bien s'applique et peut être plus doux.

— La nue-propriété de SCPI : Acheter la nue-propriété temporaire d'une SCPI signifie que vous vous privez pendant 5 ans ou 10 ans, mais que vous achetez la SCPI avec une décote. On peut acquérir des parts de SCPI en nue-propriété pendant 10 ans pour 65-70 % de la valeur de la SCPI. Et au bout de 10 ans, vous récupérez 100 % de la SCPI. Une belle performance qui ne subit aucune fiscalité (ni IR ni prélèvements sociaux).

— Les SCPI de nue-propriété : Ici vous achetez des parts de SCPI qui investit dans des immeubles en nue-propriété.

J'ai un attrait particulier pour les SCPI logées dans les contrats d'assurance-vie pour leur liquidité mais les autres alternatives présentent des avantages inhérents à la nature de la SCPI.

L'investissement à crédit

C'est l'attelage idéal ! Évaluez votre capacité d'épargne mensuelle et déduisez-en le projet qui vous est le plus adapté. Tous les paramètres sont à votre main : la durée, le montant, la sélection des SCPI. Les aléas, comme pour tout projet immobilier locatif, seront présents mais beaucoup plus maîtrisés.

Étude de cas

Par exemple, vous pouvez acheter 110 000 euros de parts d'une SCPI financés à 100 % par un crédit sur 20 ans à 2,35 % (c'est ce qu'on trouve sur le marché avec un bon dossier). Les mensualités s'élèvent à 607 euros (assurance-décès comprise) alors que les loyers de la SCPI, nets d'impôt, s'élèvent à 290 euros (si on prend l'hypothèse d'un rendement de 4,7 % et d'une tranche d'impôt à 30 %). Votre effort d'épargne réel s'élève donc à 297 euros par mois et au bout de 20 ans, vous avez un capital de 110 000 euros (si la SCPI ne revalorise pas). Alors que votre effort d'épargne est de 70 560 euros. C'est ça, le levier du crédit.

SCPI (Société civile de placement immobilier)	
Condition d'ouverture	Toute personne physique, mineure ou majeure peut acheter des parts de SCPI. Elles peuvent être achetées en direct (en cash), à crédit, et même à l'intérieur de certains contrats
Versement initial minimum	Selon les SCPI qui demandent généralement un minimum d'investissement de plusieurs milliers d'euros en cash ou en crédit. Dans l'assurance-vie, les tickets d'entrée sont plus faibles (quelques centaines d'euros par part)
Obligation de versements	Aucune
Plafond de versements	Aucun
Frais	La souscription de parts de SCPI s'accompagne de frais : — Les droits d'enregistrement, un impôt de 5 % du montant de la souscription (l'équivalent des « frais de notaire ») — Les droits d'entrée propres à la SCPI, compris généralement entre 3 et 7 % selon la SCPI — Les frais de gestion de la SCPI qui représentent généralement 10 % des loyers perçus Contrairement à d'autres produits comme des OPCVM, la société de gestion se rémunère sur les revenus et non pas sur le total des encours
Rendement	Selon l'ASPIM, le rendement moyen des SCPI en 2016 a été de 4,63 % net de frais (frais d'entrée et de gestion). En 2017 le rendement moyen devrait se situer entre 4,3 et 4,5 %
Disponibilités	Les SCPI organisent la revente de leur parts, mais il faut qu'il y ait des acheteurs en face. Cela donc peut prendre plusieurs semaines pour vendre ses parts. Dans un contrat d'assurance-vie, c'est la compagnie qui assure la liquidité qui est donc bien meilleure
Durée maximum	Aucune
Encours	La capitalisation des SCPI atteignait le niveau record de 47,7 milliards € au 30 juin 2017 (source ASPIM)

6

LES PLACEMENTS RETRAITE : À ÉTUDIER DE PRÈS

Tout placement est un placement retraite, car il permet de se constituer un patrimoine qui, par le capital ou le revenu de ce capital, viendra compléter une retraite par répartition appelée à se réduire comme une peau de chagrin.

Les ménages français l'ont compris. Ils ont privilégié l'immobilier et l'assurance-vie qui sont les deux placements retraite par excellence. Toutefois, certains placements complémentaires spécifiques peuvent être utiles.

Le PERP : un plan d'épargne retraite populaire... qui n'a rien de populaire

Contexte

Lancé à grand renfort de communication en 2003, en pleine réforme des retraites, le PERP a mis du temps à rencontrer son public. Ce produit d'épargne retraite permet de bénéficier d'un **gain fiscal qui est fonction de sa tranche marginale d'imposition.** Plus elle est élevée, plus la réduction sera forte. Malheureusement, de nombreux PERP ont été souscrits par des personnes qui n'auraient pas dû, au regard de leur situation personnelle ainsi que de la composition de leur patrimoine et de leurs revenus.

2003, l'an I des produits d'épargne retraite

Devant un déficit abyssal, le gouvernement Raffarin décide de prendre à bras-le-corps le problème du financement des retraites, dix ans après la réforme Balladur. Et qui dit réforme, dit nouveauté. La nouveauté vient de l'introduction d'un régime par capitalisation. Cette réforme Fillon brise un tabou en mettant en place un système de retraite qui vient compléter notre sacro-saint régime par répartition. Deux mécanismes d'épargne retraite sont ainsi lancés : le premier est individuel (PERP), le second collectif (PERCO pour Plan d'épargne pour la retraite collectif). Le PERP est une enveloppe fiscale permettant à la fois de préparer sa retraite et de profiter d'une déduction d'impôt. Dans cette optique, l'épargnant constitue son épargne à son rythme, afin de s'assurer le versement d'une rente viagère une fois la retraite venue.

Le PERP s'adresse à tous les salariés mais aussi, et contrairement aux idées reçues, aux travailleurs non-salariés (TNS) et aux personnes sans emploi. Il peut donc s'adapter à tout changement de statut intervenant au cours d'une vie professionnelle. Le PERP est au premier abord un produit populaire, dans la mesure où il s'adresse à n'importe quelle catégorie socioprofessionnelle... Toutefois, ce produit d'épargne retraite a mis du temps à convaincre les épargnants. Il faut dire qu'il manque cruellement de souplesse. Il est ce qu'on appelle un produit tunnel : impossible de récupérer son épargne avant la liquidation de sa retraite (sauf cas spécifiques de déblocage anticipé en cas de coup dur : fin des droits au chômage, liquidation judiciaire, invalidité, décès du conjoint, surendettement). Alors comment inciter les Français à épargner pour leurs vieux jours dans un produit qui n'offre pas une liquidité comparable à un livret d'épargne ou à une assurance-vie ? Le législateur a donné au PERP un bonus fiscal. Les versements sont déductibles du revenu imposable dans la double limite de **10 % des revenus du travail de l'année n-1** (dans la limite de 8 fois le plafond annuel de la Sécurité sociale n-1) ou **10 % du plafond annuel de la Sécurité sociale** si les revenus sont trop faibles. À noter que ces plafonds prennent aussi en compte les versements volontaires dans les autres produits de retraite (voir ci-après).

Le PERP étant un produit de déduction d'impôt, plus on est imposé, plus la carotte fiscale est importante. La déduction peut aller de 14 % pour les premiers concernés jusqu'à 45 % pour les tranches d'imposition les plus élevées. On commence à toucher du doigt un paradoxe propre à ce produit d'épargne : comment le PERP peut se revendiquer populaire comme mentionné dans son acronyme, si au bout du compte, l'avantage fiscal n'est favorable qu'aux contribuables les plus aisés ?

Diagnostic

Épargner en vue d'obtenir des revenus complémentaires pour ses vieux jours dans un cadre fiscal attractif, la promesse paraissait séduisante au premier abord. De nombreux réseaux bancaires ne se sont pas privés de profiter de l'aubaine et ont même joué sur cette corde sensible. Ainsi, des ménages peu ou pas imposables ont souscrit les yeux fermés à un PERP sans mesurer les contraintes d'un tel placement.

Contrairement à un produit de réduction d'impôt qui va apporter à tous les épargnants une équité en matière de traitement fiscal, le PERP est un produit de déduction d'impôt qui va diminuer la base de revenus pour faire travailler le calcul fiscal.

Pour faire simple, 1 000 euros versés sur un PERP feront économiser 450 euros d'impôt sur le revenu à un contribuable imposé dans la tranche la plus élevée à 45 %, là où une personne se situant dans la tranche de 14 % n'arrivera à économiser que 140 euros. D'autant plus que les sommes versées dans un PERP échappent au plafonnement des niches fiscales de 10 000 euros... La preuve par l'exemple que le PERP, qui se voulait populaire à ses débuts, n'est parvenu qu'à séduire qu'une frange réduite de la population, à savoir les épargnants les plus aisés.

Si l'on opte pour le PERP comme une solution pérenne d'investissement, il faut avoir une répétition de l'investissement année après année pour que l'assiette de déclenchement de la rente soit significative.

D'ailleurs, on constate souvent que les possibilités de gestion financière du PERP ainsi que le potentiel civil et fiscal de ces enveloppes ne sont pas optimaux. Ce produit **n'offre aucune garantie sur le montant de la rente qui sera versée à la sortie.** Pour convertir le capital détenu sur le PERP en rente, l'assureur va se baser sur les tables de mortalité en vigueur au moment du déblocage du plan. Et rien ne dit qu'à cette échéance, **le calcul sera en faveur de l'épargnant.**

De plus, les rentes viagères servies au dénouement du PERP sont imposables selon les règles de droit commun applicables aux pensions et retraites (intégration au barème de l'impôt sur le revenu après abattement de 10 %) et aux prélèvements sociaux (9,8 % depuis le 1er janvier 2018).

Les rentes peuvent être réversibles en cas de décès au profit des conjoints survivants ou d'un bénéficiaire désigné si le contrat le permet.

Recommandations

Saisir toutes les possibilités dès qu'on est éligible à une possibilité de sortie. Partant de ce principe, le détenteur d'un PERP doit avoir un réflexe systématique, celui de savoir s'il est éligible à des cas bien précis de sortie en capital, outre ceux énumérés par la loi (fin de droits au chômage ou encore en cas de décès du conjoint). Dans tous les cas, vous pouvez récupérer 20 % de votre épargne sous forme de capital à la retraite. Il est aussi possible par exemple de récupérer 100 % de votre capital à la retraite, en cas d'achat d'une première résidence principale. Et depuis peu, le législateur autorise désormais les détenteurs de PERP de moins de 2 000 euros à récupérer leur épargne à tout moment, à condition de ne pas avoir alimenté leur PERP depuis 4 ans et d'avoir un revenu inférieur au barème de plafonnement de la taxe d'habitation.

Privilégier les supports les plus modernes et les plus performants avant la transformation en rente. Pour les personnes qui ont souscrit à un PERP et qui apprécient particulièrement cet outil de déduction d'impôt, la qualité du support n'est pas forcément au rendez-vous. Les premières générations de PERP n'étaient pas attractives : opaques, une offre de fonds souvent réduite et parfois une accumulation de frais. Contrairement à un contrat d'assurance-vie qui n'est pas transférable, il est tout à fait possible ici de faire des infidélités à sa banque ou à son assureur en allant vers des cieux plus cléments. Et ce changement dans votre période de capitalisation n'a aucune incidence puisque vous conservez l'antériorité fiscale de votre contrat. D'autant que l'offre s'est considérablement développée depuis quelques années, avec l'arrivée des acteurs Internet qui proposent des PERP enrichis en fonds, pas seulement de leur maison, et avec des frais serrés.

Usez et abusez de la réserve que vous n'avez pas utilisée sur les trois dernières années.

Utilisez son excédent de déductibilité. Soit par le conjoint ou partenaire ayant complètement épuisé son plafond, soit par le contribuable au cours de l'une des 3 années précédentes. Les cotisations PERP sont alors imputées d'abord sur le plafond de l'année puis sur les excédents des années précédentes en commençant par le plus ancien. Ainsi, pour les cotisations versées en 2017, l'imputation est réalisée sur le plafond calculé pour 2016 puis si le plafond est atteint, sur l'excédent de 2015, puis de 2014, puis de 2013…

PERP (Plan d'épargne retraite populaire)	
Condition d'ouverture	Le PERP est ouvert à tous, sans contrainte ni d'âge ni de profession. Il s'adresse dans les faits aux contribuables voulant défiscaliser et préparer leur retraite
Versement initial minimum	Défini par l'établissement financier. Les plus souples sont ouverts à partir de 100 € et les plus « confidentiels » ne sont disponibles qu'à partir de plusieurs centaines de milliers d'euros
Obligation de versements	Aucune
Plafond de versements	Aucun
Frais	Frais d'entrée et de versement : entre 0 et... 5 % Frais de gestion pris par l'assureur : entre 0,5 % et 1 % de l'encours Frais d'arbitrage (passage d'un support à un autre) : entre 0 et 1 % (mais avec parfois un minimum prélevé par arbitrage) + frais d'entrée, de gestion, de sortie liés aux supports choisis (OPCVM, SCPI,...)
Rendement	Gain fiscal à l'entrée (déduction d'impôt) = TMI (tranche marginale d'impôt sur le revenu) Rendement variable. Dépend de la performance des supports : — Fonds en euros (support garanti). Moyenne 2016 : 1,79 % net de frais de gestion (selon cabinet facts en figures). — Autres supports : espérance de gain plus forte mais aucune garantie (risque de perte en capital)
Disponibilités	Bloqué jusqu'à la retraite, sauf cas exceptionnel (fin des droits au chômage, liquidation judiciaire, invalidité, décès du conjoint, surendettement) Reversé sous forme de rente viagère Possibilité de récupérer jusqu'à 20 % de l'épargne constituée sous forme de capital Si la rente ne dépasse pas 40 €, l'assureur peut décider de verser la prestation en capital
Durée maximum	Aucune (possibilité de conserver après la retraite)
Encours	16,2 milliards d'euros fin 2016 (chiffre FFSA)

☛ Dans l'idéal, ce placement convient donc parfaitement aux contribuables aux tranches marginales d'imposition élevées pendant leur vie active et qui, une fois à la retraite,

disposeront de revenus moindres, et donc d'une pression fiscale moins forte, comme c'est généralement le cas des professions libérales ou des cadres supérieurs. Plus l'écart est grand, plus le PERP est attractif.

L'article 83 : à envisager, si votre entreprise le propose

Contexte

Un contrat Article 83 offre, comme le PERP, des déductions fiscales en contrepartie d'une sortie en rente à la retraite. Mais il est souscrit dans le cadre de l'entreprise. Il s'agit en fait d'un contrat d'assurance-vie collectif ouvert par l'employeur pour le compte de ses salariés, et qui est régi par l'article 83 du Code général des impôts.

L'adhésion est obligatoire pour tous ses salariés ou une catégorie de salariés définie objectivement (cadres, cadres dirigeants, employés, ouvriers, salariés bénéficiant d'une certaine ancienneté...).

Le taux de cotisation, c'est-à-dire les versements effectués pour le compte du salarié, est déterminé librement par l'entreprise. Il s'agit en fait d'un pourcentage du salaire ou d'une tranche (TRA, TRB, TRC). Ces versements sont réalisés au moyen de primes versées soit par l'employeur seul, soit par l'employeur et le salarié dans des proportions qui varient selon les dispositions du contrat mis en place. Le salarié peut également verser des cotisations à titre volontaire.

Les cotisations obligatoires versées par le salarié et l'employeur sont déductibles de la rémunération annuelle brute, jusqu'à un seuil égal à 8 % de celle-ci dans la limite de huit fois le plafond annuel de la Sécurité sociale de l'année n. Attention, car ce plafond inclut également les sommes versées par l'employeur au salarié dans le cadre d'un PERCO.

Concernant les versements volontaires du salarié, le plafond n'est pas le même (10 % de la rémunération de l'année n-1 dans la limite de 8 fois le plafond annuel de la Sécurité sociale de l'année n-1). Mais il faut y inclure les versements obligatoires dans le contrat article 83 en n-1 (et dans le PERCO), et éventuellement les sommes versées en n-1 dans un contrat Madelin.

Attention, toutes ces cotisations viennent minorer la possibilité de déduction sur le plan d'épargne retraite populaire.

La sortie se fait comme pour le PERP : sous forme de rentes viagères (simples ou réversibles) imposées comme une pension de retraite. Elles sont donc soumises à l'impôt sur le revenu, après abattement de 10 %, et aux prélèvements sociaux (10,1 % depuis le 1er janvier 2018). Comme pour le PERP, il y a des cas de sortie anticipée en capital (fin des droits au chômage, liquidation judiciaire, invalidité, décès du conjoint, surendettement).

L'épargne est placée sur le contrat comme dans une assurance-vie. Si le contrat est en euros, le capital est garanti comme dans une assurance-vie en euros. Mais si l'épargne est placée au sein d'un contrat multisupports, l'épargnant répartira le capital en fonction de son profil de risque.

Recommandation

Le contrat est un dispositif obligatoire au sein de l'entreprise. Vous n'avez pas le choix. L'intérêt réside surtout dans les versements de l'employeur. N'y faites pas de versement facultatif, sauf si le contrat est vraiment excellent et que le gain fiscal (votre tranche d'imposition) est élevé.

ARTICLE 83	
Condition d'ouverture	Souscrit par l'employeur. Adhésion obligatoire pour tous les salariés ou une catégorie de salariés définie objectivement (cadres, cadres dirigeants, employés, ouvriers, salariés bénéficiant d'une certaine ancienneté...)
Versement initial minimum	Fixé par l'entreprise
Obligation de versements	Fixé par l'entreprise. Le salarié peut faire des versements volontaires
Plafond de versements	Aucun
Frais	Frais d'entrée et de versement : Rares sont les contrats qui prennent moins de 4 % de frais d'entrée... Frais de gestion pris par l'assureur : entre 0,5 % et 1 % de l'encours Frais d'arbitrage (passage d'un support à un autre) : entre 0 et 1 % (mais avec parfois un minimum prélevé par arbitrage) + frais d'entrée, de gestion, de sortie liés aux supports choisis
Rendement	Gain fiscal à l'entrée (déduction d'impôt) = TMI (tranche marginale d'impôt sur le revenu) Rendement variable. Dépend de la performance des supports : – Fonds en euros (support garanti). Moyenne 2016 : le taux de revalorisation net des contrats de retraite est de 2,64 % – Autres supports : espérance de gain plus fort mais aucune garantie (risque de perte en capital)
Disponibilités	Bloqué jusqu'à la retraite, sauf cas exceptionnel (fin des droits au chômage, liquidation judiciaire, invalidité, décès du conjoint, surendettement) Reversé sous forme de rente viagère Possibilité de récupérer jusqu'à 20 % de l'épargne constituée sous forme de capital Si la rente ne dépasse pas 40 euros, l'assureur peut décider de verser la prestation en capital
Durée maximum	Selon les contrats, une date limite de liquidation (ex : au départ à la retraite) peut être définie
Encours	54,7 milliards d'euros fin mars 2017 (chiffre FFSA)

Le contrat Madelin : réservé aux indépendants

Contexte

Ces contrats ont été créés par la loi Madelin du 11 février 1994 afin d'améliorer les conditions d'existence et d'activité des entrepreneurs individuels. Ils permettent aux travailleurs non salariés de se prémunir d'un grand nombre de risques mais également de réduire la note fiscale...

Les contrats Madelin sont ouverts aux commerçants, artisans, gérants de sociétés de personnes et professions libérales, mais aussi au conjoint collaborateur s'il participe à l'activité de l'entreprise sans être rémunéré et s'il n'exerce aucune autre activité professionnelle (ou à temps partiel pour un autre employeur, pour une durée définie par décret).

Il existe quatre types de contrat Madelin : les contrats de retraite (monosupport, multisupports ou en points retraite), de prévoyance (arrêt de travail, invalidité, décès), de mutuelle et de garantie chômage.

L'objectif du contrat de retraite est de pouvoir se constituer une retraite complémentaire qui sera restituée sous forme de rente en parallèle des retraites obligatoires, tout en bénéficiant d'une déduction fiscale des primes versées.

Des primes déductibles

Le plafond de déduction fiscale Madelin pour un contrat de retraite est déterminé par :

— un forfait de 10 % du PASS de l'année n, quel que soit le revenu professionnel

— 10 % du revenu professionnel de l'année n limité à 8 PASS de l'année n augmenté de 15 % du revenu compris entre 1 et 8 fois PASS de l'année n.

Dans ce seuil, il faut inclure l'abondement versé par l'entreprise dans un PERCO. À noter aussi que ces cotisations viennent minorer la possibilité de déduction l'année suivante sur un PERP.

La sortie en rente du contrat retraite

Une fois arrivé l'âge de départ à la retraite, il est possible de transformer le contrat Madelin retraite en rente. La rente est égale à la conversion du capital accumulé pendant la phase d'épargne, en appliquant un taux de conversion selon les tables de mortalité. Mais, et c'est un avantage par rapport aux autres produits d'épargne retraite, le taux de conversion peut être garanti dès la souscription du contrat.

Là encore, la sortie se fait comme pour le PERP : sous forme de rentes viagères (simples ou réversibles), imposées comme une pension de retraite. Elles sont donc soumises à l'impôt sur le revenu, après abattement de 10 % et aux prélèvements sociaux (10,1 % depuis le 1er janvier 2018) . Comme pour le PERP, il y a des cas de sortie anticipée en capital (fin des droits au chômage, liquidation judiciaire, invalidité, décès du conjoint, surendettement).

Le contrat peut également comporter une contre-assurance décès, en cas de décès de l'assuré avant son 65e anniversaire ou, si elle est antérieure, avant la date d'entrée en jouissance de la pension de vieillesse Sécurité sociale. Cette contre-assurance est non déductible du bénéfice et fonctionne exclusivement dans les conditions suivantes :

— versement d'une rente viagère (qui pourra, le cas échéant, être temporaire) au profit du conjoint, des enfants ou d'un tiers désigné au contrat ;

— versement d'un capital correspondant au seul montant des primes versées par l'assuré, à l'exclusion notamment des produits générés par ces versements.

Recommandations

Comparez les contrats d'épargne Madelin au PERP.

N'hésitez pas à transférer vos anciens contrats vers des contrats plus modernes, moins chers et plus performants.

CONTRAT RETRAITE MADELIN	
Condition d'ouverture	Ouverts aux commerçants, artisans, gérants de sociétés de personnes, professions libérales, et aux auto-entrepreneurs (mais sans les avantages fiscaux) Ouvert au conjoint collaborateur, s'il participe à l'activité de l'entreprise sans être rémunéré et qu'il n'exerce aucune activité professionnelle
Versement initial minimum	Déterminé contractuellement
Obligation de versements	L'assuré s'engage à l'adhésion sur une obligation de cotisation annuelle jusqu'à la liquidation du contrat
Plafond de versements	Aucun
Frais	Frais d'adhésion à l'association : en moyenne 10 euros par an Frais d'entrée et de versement : entre 0 et… 5 % Frais de gestion pris par l'assureur : entre 0,5 % et 1 % de l'encours Frais d'arbitrage (passage d'un support à un autre) : entre 0 et 1 % (mais avec parfois un minimum prélevé par arbitrage) + Frais d'entrée, de gestion, de sortie liés aux supports choisis (OPCVM, SCPI…)
Rendement	Gain fiscal à l'entrée (déduction d'impôt) = TMI (tranche marginale d'impôt sur le revenu) Rendement variable. Dépend de la performance des supports : – Fonds en euros (support garanti). Moyenne 2016 : le taux de revalorisation net des contrats de retraite (est de 2,64 % – Autres supports : espérance de gain plus fort mais aucune garantie (risque de perte en capital)
Disponibilités	Bloqué jusqu'à la retraite, sauf cas exceptionnel (fin des droits au chômage, liquidation judiciaire, invalidité, décès du conjoint, surendettement) Reversé sous forme de rente viagère Possibilité de récupérer jusqu'à 20 % de l'épargne constituée sous forme de capital Si la rente ne dépasse pas 40 euros, l'assureur peut décider de verser la prestation en capital
Durée maximum	Il est aussi possible de continuer à cotiser sur votre contrat Madelin après la retraite, si vous poursuivez une activité professionnelle en tant qu'indépendant
Encours	29,2 milliards d'euros au premier semestre 2017 (chiffre FFSA)

Le fait de détenir chez un même assureur un contrat retraite Madelin et un contrat prévoyance, mutuelle et assurance chômage peut vous donner des avantages. Et n'oubliez pas de négocier !

Préfon : à éviter dans la plupart des cas

Contexte

Créé en 1967, le régime Préfon Retraite est complémentaire et facultatif. Il permet aux agents de la fonction publique de cotiser afin de se constituer des revenus complémentaires pour la retraite en percevant une rente à vie.

Préfon Retraite est ouvert :

— aux agents de l'État, fonctionnaires ou contractuels, civils et militaires y compris les réservistes ;

— aux agents des collectivités locales, titulaires ou non ;

— aux agents hospitaliers, médecins, stagiaires, internes ;

— aux agents des établissements publics à caractère administratif, industriel et commercial ;

— aux anciens agents ;

— aux conjoints, pacsés ainsi qu'aux veufs et veuves de fonctionnaires.

Le niveau de cotisation s'effectue librement parmi 17 classes proposées, entre 19 et 1 900 € par mois. Vous pouvez changer librement de classe de cotisation chaque année. Il est donc possible d'ajuster la cotisation comme on le veut : l'augmenter, la diminuer, voire la suspendre, sans pénalité ni perte de points. Il est aussi possible de faire un versement exceptionnel à tout moment.

Depuis 2004, les cotisations Préfon sont déductibles du revenu imposable. Elles entrent dans l'enveloppe de déduction fiscale du PERP de (10 % des revenus d'activités nets de l'année précédente et 8 fois le plafond annuel de la Sécurité sociale de l'année précédente).

Les cotisations sont converties en points de retraite. Comme la valeur d'un point de rente ne peut jamais baisser, vous connaissez à tout moment le montant minimum de vos droits et pouvez ainsi adapter vos versements.

La sortie se fait comme pour le PERP : sous forme de rentes viagères (simples ou réversibles), imposées comme une pension de retraite. Elles sont donc soumises à l'impôt sur le revenu, après abattement de 10 %, et aux prélèvements sociaux (10,1 % depuis le 1er janvier 2018) . Comme pour le PERP, il y a des cas de sortie anticipée en capital (fin des droits au chômage, liquidation judiciaire, invalidité, décès du conjoint, surendettement).

Mais pour Préfon, le versement de la rente peut intervenir plus tôt, dès 55 ans, que vous ayez pris votre retraite ou non...

Financièrement, le dispositif fonctionne selon le principe de la capitalisation et sa gestion financière est assurée par quatre assurances : CNP, AGF, AXA et GAN. L'association dispose d'une convention financière qui fixe une allocation d'actifs cible entre les quatre assureurs. Cette dernière est composée de deux poches : 75 – 85 % de taux (pas plus de 3 % de trésorerie) et à 15-25 % d'actifs de diversification (actions et OPCVM actions, convertibles, immobilier, infrastructures, high yield, dette émergente, capital investissement). À l'intérieur de cette allocation d'actifs cible, chaque assureur gère de manière autonome son fonds. 38 % des encours sont gérés par CNP Assurances (LBPAM et Natixis AM), 31 % par AXA (AXA IM), 21 % par Groupama (Groupama AM) et 10 % par Allianz (Allianz GI).

Alors que sur un PERP, valorisé en euros, il est très facile de savoir combien rapporte chaque année l'argent confié à l'assureur, impossible de savoir quel est le rendement de l'épargne qui est confiée à la Préfon. Rentrer dans le système Préfon Retraite, c'est donc accepter de confier de l'argent à un organisme sans avoir aucune idée de la rentabilité réelle de l'épargne. Et à voir les commentaires sur les forums de retraités ayant liquidé leur plan, peu sont satisfaits de la performance obtenue.

PRÉFON RETRAITE	
Condition d'ouverture	Préfon Retraite est ouvert : — aux agents de l'état, fonctionnaires ou contractuels, civils et militaires y compris les réservistes ; — aux agents des collectivités locales, titulaires ou non ; — aux agents hospitaliers, médecins, stagiaires, internes ; — aux agents des établissements publics à caractère administratif, industriel et commercial ; — aux anciens agents ; — aux conjoints, pacsés ainsi qu'aux veufs et veuves de fonctionnaires.
Versement initial minimum	Le niveau de cotisation s'effectue librement parmi 17 classes proposées, entre 19 et 1900 € par mois
Obligation de versements	Libre : l'assuré peut changer librement de classe de cotisation chaque année. Il est donc possible d'ajuster la cotisation comme on le veut : l'augmenter, la diminuer, voire la suspendre, sans pénalité ou perte de points
Plafond de versements	Aucun
Frais	Frais d'adhésion à l'association : en moyenne 10 € par an. Frais d'entrée : 3,90 %. Frais de gestion pris par l'assureur : 0,49 % de l'encours
Rendement	Gain fiscal à l'entrée (déduction d'impôt) = TMI (tranche marginale d'impôt sur le revenu) Système par points : impossible de savoir quel est le rendement de l'épargne confiée à la Préfon
Disponibilités	Reversé à la retraite sous forme de rente viagère. Possibilité de sortie à partir de 55 ans. Cotisations converties en points de rentes garanties. Possibilité de récupérer jusqu'à 20 % de l'épargne constituée sous forme de capital. Si la rente ne dépasse pas 40 euros, l'assureur peut décider de verser la prestation en capital
Durée maximum	Jusqu'à 70 ans
Encours	16 milliards d'euros fin 2016 (chiffre Association Préfon Retraite)

Autre inconvénient, et non des moindres, les frais d'entrée, immuables, s'élèvent à 3,9 % de la cotisation. Admettons que votre épargne fructifie de 1,8 % par an (le taux moyen des fonds en euros en 2016), il faudrait 3 ans pour récupérer rien que votre mise initiale...

Recommandation

Le seul intérêt du plan est la possibilité de sortie à 55 ans. Un avantage bien maigre pour un produit avec des frais d'entrée élevés et une performance historique visiblement pauvre. À éviter.

PEE et Perco : de l'épargne salariale utile pour l'épargne retraite

LE PEE

Contexte

Le PEE (plan d'épargne entreprise) est un système d'épargne collective et facultative. Il permet au salarié d'épargner pour le long terme avec l'aide de l'entreprise à des conditions avantageuses.

Le PEE peuvent être alimentés de trois manières :

— Des versements volontaires, plafonnés au quart de votre revenu brut annuel et soumis à l'impôt sur le revenu.

— L'intéressement : les sommes distribuées au titre de l'intéressement peuvent venir alimenter le PEE et sont alors exonérées d'impôt sur le revenu. Elles ne sont pas prises en compte dans l'appréciation du plafond annuel de versement.

— La participation : les sommes versées au titre de la participation peuvent être affectées au PEE et sont alors exonérées d'impôt sur le revenu. Elles ne sont pas prises en compte dans l'appréciation du plafond annuel de versement.

Les salariés peuvent bénéficier d'un abondement facultatif de l'employeur. Cet abondement est une contribution versée par l'employeur en complément des versements des épargnants dans le cadre du PEE. Il est exonéré d'impôt sur le revenu. L'intérêt pour l'entreprise est que cet abondement est exonéré de charges et déductible du bénéfice imposable. Il permet à l'entreprise d'encourager l'épargne des salariés (et de fournir ainsi un supplément de trésorerie). L'abondement ne peut pas dépasser trois fois le montant versé par le salarié, ni être supérieur à 8 % du plafond annuel de la Sécurité sociale.

Diagnostic

La seule obligation au niveau du PEE en termes de fonds est de proposer au moins un FCPE (fonds commun de placement d'entreprise) qui ne soit pas un « fonds d'actionnariat salarié ». Un fonds actionnariat salarié est un fonds dont plus du tiers de l'actif est composé de titres émis par l'entreprise (actions, obligations, bons de souscription,...).

Le PEE ne propose pas uniquement un ou plusieurs FCPE. Il peut permettre aussi d'investir directement dans les valeurs mobilières émises par l'entreprise ou une entreprise du groupe. Concrètement, le salarié va pouvoir investir dans des actions, des obligations, ou encore des bons émis par sa société.

Le PEE est un véhicule financier souvent assez bas de gamme. De plus, au contraire de l'assurance-vie, il n'offre aucune optimisation concernant la protection ou la transmission. **Les seuls attraits du PEE sont sa performance fiscale et l'abondement de l'employeur.**

Les sommes versées dans un PEE sont bloquées pendant 5 ans. Passé ce délai, il est possible de récupérer tout ou partie du capital valorisé. Il existe néanmoins certains cas dans lesquels vous pourrez débloquer votre épargne de manière anticipée (mariage ou PACS, la naissance ou adoption d'un troisième enfant, divorce ou séparation invalidité, décès, cessation du contrat de travail, création ou reprise d'entreprise, acquisition ou agrandissement de la résidence principale, surendettement).

PEE (Plan d'épargne entreprise)	
Condition d'ouverture	Souscrit par l'employeur. Pour tous les salariés
Versement initial minimum	Selon le plan. Généralement une dizaine ou une centaine d'euros
Obligation de versements	Libre : l'assuré peut faire des versements volontaires et choisir d'y verser sa participation et/ou son intéressement À noter : le PEE peut prévoir un minimum annuel de versement qui ne peut excéder 160 € (par support de placement).
Plafond de versements	Aucun
Frais	Frais d'entrée : entre 0 et 5 % (l'employeur peut prendre ces frais à sa charge) Frais d'arbitrage (passage d'un support à un autre) : entre 0 et 1 % (mais avec parfois un minimum prélevé par arbitrage) Autres frais : relevé de situation, paiement de dividende, frais de sortie
Rendement	Gain fiscal à l'entrée (déduction intéressement et participation) = TMI (tranche marginale d'impôt sur le revenu) + Abondement de l'employeur Selon les fonds proposés : fonds actions, fonds profilés (prudent, équilibré, dynamique), fonds obligations. Risque de perte en capital
Disponibilités	Bloqué pendant 5 ans, sauf cas exceptionnel (mariage ou PACS, la naissance ou adoption d'un troisième enfant, divorce ou séparation invalidité, décès, cessation du contrat de travail, création ou reprise d'entreprise, acquisition ou agrandissement de la résidence principale, surendettement) Reversé à la retraite (choix capital ou rente viagère)
Durée maximum	Aucune
Encours	115,1 milliards d'euros fin juin 2017

LE PERCO

Contexte

Le Perco (plan d'épargne pour la retraite collectif) est un système d'épargne collective et facultative, hybride entre un produit d'épargne salariale et d'épargne retraite. Comme pour le PEE, il permet au salarié d'épargner pour le long terme avec l'aide de l'entreprise à des conditions avantageuses. Les sommes sont bloquées jusqu'à la retraite, sauf cas de déblocage exceptionnel.

Ses règles sont similaires à celles du PEE :

— Des versements volontaires, plafonnés au quart de votre revenu brut annuel perçu l'année précédente. Le règlement du Perco peut prévoir un versement minimum annuel de 160 € au plus.

— L'intéressement : les sommes distribuées au titre de l'intéressement peuvent venir alimenter le Perco. Elles ne sont pas prises en compte dans l'appréciation du plafond annuel de versement.

— La participation : les sommes versées au titre de la participation peuvent être affectées au PEE. Elles ne sont pas prises en compte dans l'appréciation du plafond annuel de versement.

— L'abondement de l'employeur en complément des versements du salarié. L'abondement ne peut pas dépasser trois fois le montant versé par le salarié, ni être supérieur à 8 % du plafond annuel de la sécurité sociale.

Diagnostic

Contrairement au PEE, le Perco ne peut pas servir de support à l'actionnariat salarié. Il doit proposer au minimum trois fonds présentant différents profils d'investissements (prudent ou sécuritaire, équilibré, dynamique, par exemple). Il doit proposer aussi, soit parmi ces trois fonds, soit en plus, un fonds dit « solidaire », où une partie du capital du plan doit être obligatoirement investie. La gestion pilotée retraite doit également être proposée au salarié. Concrètement, il s'agit d'un système basé sur la désensibilisation au risque : plus l'âge de la retraite approche, plus la part des actifs risqués diminue. Il s'agit du choix par défaut, si le salarié n'a pas communiqué sa décision à son employeur, qui s'oppose à la gestion libre, où l'épargnant choisit lui-même son allocation en fonction de son horizon de placement et de sa sensibilité au risque en arbitrant entre différents fonds.

Comme le PEE, le Perco reste un véhicule financier souvent assez bas de gamme. De plus, au contraire de l'assurance-vie, il n'offre aucune optimisation concernant la protection ou la transmission. **Les seuls attraits du Perco sont sa performance fiscale et l'abondement de l'employeur.**

Une fois à la retraite, vous pouvez choisir entre une sortie en capital ou en rente versée à vie. C'est un atout majeur du Perco par rapport aux produits d'épargne retraite, où la sortie en rente à 80 % de l'épargne est de rigueur. La fiscalité est aussi très attractive : les gains sont soumis à 17,2 % de taxes sociales, mais sont exonérés d'impôts à 100 % pour une sortie en capital, imposée à seulement 30 ou 40 %, selon l'âge du bénéficiaire, en cas de sortie en rente.

Pour le Perco, un déblocage des sommes investies est possible dans les cas suivants : le décès du bénéficiaire ou du conjoint, l'acquisition ou remise en état de la résidence principale suite à une catastrophe naturelle, le surendettement, l'invalidité reconnue du bénéficiaire, du conjoint ou de ses enfants et l'expiration des droits à l'assurance chômage du titulaire du plan. Le Perco est donc moins souple que le PEE qui offre la possibilité d'effectuer des retraits après 5 ans et un nombre de cas de déblocage anticipé plus important. Néanmoins, les cas de déblocage anticipé sur un Perco sont plus nombreux que pour un PERP, avec notamment l'acquisition de la résidence principale.

PERCO (Plan d'épargne retraite collectif)	
Condition d'ouverture	Souscrit par l'employeur. Pour tous les salariés. Le règlement peut prévoir une adhésion par défaut, avec un délai de 15 jours pour refuser d'adhérer au plan
Versement initial minimum	Selon le plan. Généralement, une dizaine ou une centaine d'euros
Obligation de versements	Libre : l'assuré peut faire des versements volontaires, et choisir d'y verser sa participation et/ou son intéressement À noter : le Perco peut prévoir un minimum annuel de versement qui ne peut excéder 160 € (par support de placement)
Plafond de versements	Aucun
Frais	Frais d'entrée : entre 0 et 5 % (l'employeur peut prendre ces frais à sa charge) Frais d'arbitrage (passage d'un support à un autre) : entre 0 et 1 % (mais avec parfois un minimum prélevé par arbitrage) Autres frais : relevé de situation, paiement de dividende, frais de sortie
Rendement	Gain fiscal à l'entrée (déduction intéressement et participation) = TMI (tranche marginale d'impôt sur le revenu) + Abondement de l'employeur Selon les fonds proposés : fonds profilés (prudent, équilibré, dynamique), fonds actions, fonds obligations. Risque de perte en capital
Disponibilités	Bloqué jusqu'à la retraite, sauf cas exceptionnel (décès du conjoint, l'acquisition de la résidence principale ou remise en état suite à une catastrophe naturelle, surendettement, invalidité du bénéficiaire, du conjoint ou de ses enfants et l'expiration des droits à l'assurance chômage du titulaire du plan). Reversé à la retraite (choix capital ou rente viagère)
Durée maximum	Aucune
Encours	15,3 milliards d'euros fin juin 2017 (chiffre AFG)

Recommandations pour le PEE et le Perco

La première performance de votre épargne salariale est mécanique. Dans la plupart des cas, l'employeur procède au versement d'un abondement pour encourager cette épargne. Lorsque votre capacité financière le permet, il ne faut donc pas hésiter à abonder vos plans.

En revanche, il est rare que la performance (hors abondement) soit au rendez-vous. Ce n'est pas un réel outil de gestion. Alors, dès que c'est possible, dès que le cadre réglementaire vous le permet (naissance d'un nouvel enfant, mariage, acquisition de la résidence principale, etc.), sortez votre épargne !

Pour les investissements réalisés en actions de la société, il peut déclencher un attachement lié à la relation particulière que l'on a à l'action de sa société. C'est compréhensible mais attention, l'affectif n'est pas toujours compatible avec les meilleures décisions patrimoniales. Ne laissez pas une action représenter une part trop importante de votre patrimoine, quelle qu'elle soit.

☛ **En résumé, versez et prenez votre « bonus » à l'entrée. Puis récupérez-le dès que possible.**

7

LA DÉFISCALISATION : NE CÉDEZ PAS À L'APPÂT DU GAIN

Contexte

Vous faites partie des quatre Français sur dix à payer l'impôt sur le revenu et vous souhaitez réduire votre facture fiscale ? Difficile de s'y retrouver dans la jungle de produits disponibles permettant de diminuer votre impôt.

En fonction de votre fiscalité de base et selon vos attentes, plusieurs dispositifs peuvent convenir. Voici quelques conseils pour que l'investissement qui devrait vous aider à diminuer votre impôt ne tourne pas au cauchemar, ce qui est souvent le cas.

Chaque année au printemps, vous remplissez votre déclaration et chaque année vous ragez ou vous enragez en voyant le montant à payer. Je vous comprends. Et vous vous demandez chaque année, s'il n'existe pas d'idées géniales ou des produits miracles pour réduire vos impôts. D'autant que vous êtes en permanence confrontés à des publicités pour des processus de défiscalisation mirobolants.

Déduction ou réduction d'impôt ?

Pour réduire sa facture fiscale, un contribuable a l'embarras du choix en matière de produits disponibles, avec deux grandes stratégies possibles : la déduction ou la réduction. La déduction intervient avant le calcul de l'impôt. Et le produit phare, cité par 99 % des conseillers en gestion de patrimoine, est bien sûr le PERP, le Plan d'épargne retraite populaire qui convient parfaitement, comme nous l'avons vu, aux contribuables aux tranches marginales d'imposition élevées et non aux revenus plus modestes pour lesquels l'efficacité du dispositif est discutable, pour ne pas dire nulle.

Les réductions d'impôt permettent une ristourne sur le montant de l'impôt à payer quelle que soit la tranche marginale d'imposition. L'éventail de produits disponibles est beaucoup plus large. Les cinéphiles jetteront naturellement leur dévolu sur les Sofica dans l'optique de soutenir l'industrie du cinéma, mais surtout de bénéficier de la réduction d'impôt de 48 %.

Les business angels dans l'âme seront sensibles aux produits dédiés aux investissements dans les petites et moyennes entreprises avec les Fonds communs de placement dans l'innovation (FCPI) ou les Fonds d'investissement de proximité (FIP).

Une baisse d'impôt toutefois conditionnée

En souscrivant à ce type de produits, n'espérez pas pour autant tomber sur le carton de l'année qui fera décoller votre investissement. L'attrait de la carotte fiscale ne doit pas vous conduire à investir dans des FIP ou dans des FCPI, qui sont par nature des placements risqués, si vous êtes profondément allergiques au risque. Il faut également que les placements choisis soient compatibles avec l'horizon d'investissement.

Derrière ce cadeau fiscal, il y a une contrepartie et non des moindres. Le législateur exige ainsi souvent le blocage des fonds engagés pendant de longues durées (de 5 à 15 ans selon les dispositifs), toute sortie anticipée impliquant la remise en cause des économies d'impôts.

☛ **Ne mobilisez pas des fonds sur 5 voire 10 ans, si vous avez un besoin impérieux de liquidités à court terme ou que vous n'avez pas de visibilité sur vos revenus.**

Diagnostic

Minorer sa base taxable est le Graal de toute personne qui estime payer trop d'impôts. Mais gare au miroir aux alouettes. Si l'État vous octroie une réduction d'impôt allant jusqu'à 48 % du montant investi, ce n'est pas par pure générosité. La puissance publique veut drainer l'épargne vers des secteurs ou des zones géographiques structurellement déficients (énergies renouvelables, Outre-mer, pêche etc.), pour soutenir le rayonnement culturel français à l'étranger (cinéma) ou bien pour rediriger l'épargne vers des secteurs qui sont demandeurs de capitaux (investissement dans les PME).

Un produit de défiscalisation est un investissement structurellement plus risqué ou moins performant

Il faut donc garder à l'esprit que les secteurs ou les zones géographiques sur lesquels les produits sont investis ne génèrent pas naturellement de la performance : le législateur doit artificiellement donner un coup de pouce pour que le souscripteur soit incité à mettre la main au porte-monnaie. Sans les réductions d'impôts dont bénéficient ces produits de défiscalisation, rares sont ceux qui oseraient s'aventurer sur des investissements qui ne génèrent pas toujours de la performance. N'oubliez pas que le remboursement du capital investi n'a souvent rien de garanti et que les pertes en capital peuvent parfois dépasser le gain fiscal.

Il y a des règles à suivre pour défiscaliser intelligemment

La carotte fiscale permet ainsi de compenser l'absence de rendement intrinsèque du placement. Une fois que ce principe est acquis par le souscripteur, celui-ci doit adopter une autre règle de bonne défiscalisation. Pour que le bénéfice de l'investissement soit le plus puissant possible, il est sage d'adapter sa stratégie patrimoniale en fonction de sa tranche marginale d'imposition, mais aussi de sa sensibilité au risque : la clé d'une défiscalisation réussie c'est de bien utiliser sa réduction d'impôt en fonction de sa fiscalité, de l'horizon et de la visibilité de vos revenus.

Petit rappel : si l'objectif est uniquement de réduire l'impôt de l'année suivante, sans volonté de retour sur investissement, il reste une solution sans risque : le don. Donner aux organismes d'aide aux personnes en difficulté ouvre droit à une réduction d'impôt de 75 % dans la limite de 529 euros ou de 66 % dans la limite du revenu imposable. Comme le chante si bien Enrico Macias, dans son mythique *Mendiant de l'Amour*, « Donnez, donnez, [...] Dieu vous le rendra... »

Recommandations

Quel dispositif pour quelle réduction/déduction d'impôt ? Voici une fiche récapitulative pour vous aider à choisir le produit de défiscalisation qui correspondra à votre situation fiscale, à votre sensibilité au risque et à votre horizon de « défiscalisation ».

Réduction d'impôt

Souscription au capital de petites et moyennes entreprises (IR-PME)

Réduction d'impôt de 18 % du montant des souscriptions dans la limite de :

• 50 000 € pour un contribuable seul

• 100 000 € pour un couple

Impact de défiscalisation : Année en cours

Horizon de placement : 5 ans minimum.

Fourchette de sortie : 20 %/300 %

Dispositif intéressant si vous payez entre 2 000 et 5 000 euros d'impôts.

Attention : la transformation de l'ISF en IFI a mis fin au dispositif ISF PME. Pour remplacer cette source importante de financement pour les PME, la loi de Finances pour 2018 a voté la hausse du taux de réduction en faveur des souscriptions au capital de PME de 18 % à 25 %. Mais attention, l'amendement prévoit que cette hausse ne s'applique que pour une seule année. On reviendrait au taux de 18 % en 2019.

Souscriptions de parts de FCPI et de FIP

Réduction d'impôt de 18 % du montant des versements effectués au cours de l'année d'imposition au titre des souscriptions de parts de FCPI, retenus dans la limite annuelle de :

• 12 000 euros pour les contribuables célibataires, veufs ou divorcés ;

• 24 000 euros pour les contribuables mariés ou liés par un Pacs.

La réduction d'impôt s'élève à 38 % en cas de souscriptions de parts de FIP investies en Corse et en Outre-mer.

Impact de défiscalisation : Année en cours

Horizon de placement : 5 ans minimum (plutôt 8/10 ans dans les faits)

Fourchette de sortie : 20 %/300 %

Dispositif intéressant si vous payez entre 2 000 et 5 000 euros d'impôts.

Comme pour le dispositif IR-PME, le taux de réduction pour un investissement en FCPI et en FIP augmentera à 25 % mais uniquement pour l'année 2018.

FCPI (Fonds commun de placement dans l'innovation) FIP (Fonds d'investissement de proximité)	
Condition d'ouverture	Toute personne physique, mineure ou majeure, peut acheter des parts de FCPI.
Versement initial minimum	Défini par le fonds : Les plus souples sont ouverts à partir de 500 € et les plus « confidentiels » ne sont disponibles qu'à partir de plusieurs centaines de milliers d'euros
Obligation de versements	Aucune
Plafond de versements	Défini par le fonds
Frais	Frais d'entrée et de versement : Entre 0 et… 5 % Frais de gestion pris par le fonds : Entre 3 % et 5 % de l'encours
Rendement	Gain fiscal à l'entrée (déduction d'impôt) = 18 % de l'investissement (dans la limite d'un investissement de 12 000 € pour un célibataire et 24 000 € pour un couple) FIP Corse et Outre-mer : réduction de 38 % Investissement en actions non coté & PME = Risque de perte en capital élevé
Disponibilités	Fonds bloqué entre 6 et 10 ans, sauf cas exceptionnel (licenciement, invalidité, décès)
Durée maximum	10 ans
Encours	6,039 milliards d'euros collectés entre 2008 et 2016

Souscriptions au capital de Sofica

Réduction d'impôt de 30 % des souscriptions (ou de 36 % voire 48 % si la Sofica s'engage à consacrer au moins 10 % de ses investissements à certaines dépenses), retenue dans la double limite de 25 % du revenu net global et de 18 000 euros.

Dispositif intéressant si vous payez entre 2 000 et 5 000 euros d'impôts.

Impact de défiscalisation : Année en cours

Horizon de placement : 6 à 10 ans

Fourchette de sortie : 65 %/95 %

À noter : les Sofica bénéficient d'un plafond spécifique majoré à 18 000 euros

SOFICA (Sociétés de financement de l'industrie cinématographique et de l'audiovisuel)	
Condition d'ouverture	Toute personne physique, mineure ou majeure, peut acheter des parts de Sofica.
Versement initial minimum	Défini par la société : Les plus souples sont ouvertes à partir de 500 € et les plus « confidentiels » ne sont disponibles qu'à partir de plusieurs centaines de milliers d'euros
Obligation de versements	Aucune
Plafond de versements	Défini par la société
Frais	Frais d'entrée et de versement : Entre 0 et... 5 % Frais de gestion/droit de garde : Entre 0 % et 3 % de l'encours
Rendement	Gain fiscal à l'entrée (déduction d'impôt) : entre 30 et 48 % selon la Sofica Investissement dans le cinéma : Risque de perte en capital élevé
Disponibilités	Fonds bloqué entre 6 et 10 ans, sauf cas exceptionnel (licenciement, invalidité, décès)
Durée maximum	10 ans
Encours	Collecte réglementée : environ 6 millions d'euros par an

Dépenses de restauration immobilière dans le cadre de la loi Malraux

La réduction d'impôt varie en fonction du montant des dépenses de travaux de restauration complète d'un immeuble bâti dans la limite de 400 000 € pour une période de 4 années consécutives :

• 30 % pour les immeubles situés dans un Site patrimonial remarquable (SPR) avec PSVM (plan de sauvegarde et de mise en valeur) approuvé, dans un quartier ancien dégradé (QAD) ou dans un quartier conventionné.

• 22 % pour les immeubles situés dans un site patrimonial remarquable avec plan de valorisation de l'architecture et du patrimoine (PVAP) ou dont le programme de restauration a été déclaré d'utilité publique.

Horizon de défiscalisation : 2/3 ans

Horizon de placement : 6 à 10 ans

Dispositif intéressant si vous payez au minimum 10 000 euros d'impôts.

À noter : l'investissement en loi Malraux n'est pas soumis au plafonnement des niches fiscales.

Secteur locatif privé : dispositif Pinel

La réduction d'impôt est calculée du montant de l'acquisition dans la limite de 300 000 euros, pour une location de 6,9 ou 12 ans.

• 12 % pour les logements acquis en métropole et 23 % pour les investissements réalisés en Outre-mer avec un engagement de location de 6 ans ;

• 18 % pour les logements acquis en métropole et 29 % pour les investissements réalisés en Outre-mer avec un engagement de location de 9 ans ;

• 21 % pour les logements acquis en métropole et 32 % pour les investissements réalisés en Outre-mer avec un engagement de location de 12 ans.

Réduction d'impôt répartie sur 6, 9 ou 12 années.

Dispositif intéressant si vous payez entre 2 et 5 000 euros d'impôts.

Groupements fonciers forestiers

Réduction d'impôt de 18 % du prix d'acquisition ou de souscription des parts, retenu dans la limite annuelle :

• de 5 700 euros de dépenses pour un célibataire,

• 11 400 euros pour un couple

Dispositif intéressant si vous payez au minimum 2 500 euros d'impôts.

Impact de défiscalisation : Année en cours

Horizon de placement : 8 ans minimum

GFF (Groupement foncier forestier)	
Condition d'ouverture	Toute personne physique, mineure ou majeure, peut acheter des parts de GFF.
Versement initial minimum	Défini par le groupement : Les plus souples sont ouverts à partir de 500 € et les plus « confidentiels » ne sont disponibles qu'à partir de plusieurs centaines de milliers d'euros
Obligation de versements	Aucune
Plafond de versements	Défini par le groupement
Frais	Frais d'entrée et de versement : Entre 0 et... 5 % Frais de gestion : entre 3 % et 5 % de l'encours
Rendement	Gain fiscal à l'entrée (déduction d'impôt) = 18 % Investissement dans la forêt : Risque de perte en capital
Disponibilités	Fonds bloqué entre 6 et 10 ans, sauf cas exceptionnel (licenciement, invalidité, décès)
Durée maximum	10 ans
Encours	Niche : quelques millions d'euros par an

Dispositif Girardin industriel

Réduction de 110 à 115 % environ du montant investi selon le taux du Girardin sélectionné et le montant de l'investissement réalisé dans l'année.

Investissement plafonné à 52 941 euros par an.

Impact de défiscalisation : année en cours

Horizon de placement : 1 an

Dispositif intéressant si vous payez au minimum 3 500 euros d'impôts.

À noter : le Girardin industriel bénéficie d'un plafond spécifique majoré à 18 000 euros.

Attention au risque de requalification.

La déduction d'impôt

La déduction intervient avant le calcul de l'impôt. Elle correspond à un droit de diminuer le revenu global que vous déclarez. Par exemple, la déduction pour frais professionnels de 10 % : si vous avez un revenu de 40 000 euros, vous pouvez déduire 10 % (voire plus si vous êtes en frais réels et que vous pouvez justifier de frais plus élevés), soit 4 000 euros de votre revenu. Vous ne déclarez donc que 36 000 euros.

Versements dans un Plan d'épargne retraite populaire

La déduction d'impôt se fait selon la TMI. Les versements effectués sur un PERP sont déductibles du revenu global.

Montant de l'investissement : 10 % des revenus de l'activité professionnelle.

Horizon de défiscalisation : Jusqu'à la retraite

Horizon de placement : Jusqu'à la retraite

Dispositif intéressant si vous payez au minimum 5 000 euros d'impôts.

Dépenses de restauration immobilière dans le cadre de la loi monuments historiques

Horizon de défiscalisation : 2/3 ans

Horizon de placement : plus de 12 ans

Dispositif intéressant si vous payez au minimum 10 000 euros d'impôts.

À noter : l'investissement en loi monuments historiques n'est pas soumis au plafonnement des niches fiscales.

Attention au potentiel de revente.

Réduction ou déduction : résultat du match

Les mots peuvent parfois être trompeurs. Si la réduction et la déduction sonnent pareil à l'oreille, il y a quand même une différence. Subtile, mais elle mérite d'être rappelée. Les produits de déduction d'impôt vont diminuer en amont le revenu brut global. Leur impact en matière d'économie d'impôt peut être alors plus puissant qu'avec une réduction d'impôt. En effet, plus le taux marginal d'imposition est élevé, plus l'économie apportée par une déduction sera importante. Le PERP est un produit de défiscalisation qui s'y prête à merveille. Les produits de réduction d'impôt vont quant à eux minorer voire gommer totalement l'impôt sur le revenu à payer. À noter que le fisc ne vous fera pas de chèque si le montant de la réduction de l'impôt est supérieur à l'impôt dû. C'est la limite de la réduction d'impôt. Vous savez maintenant quelle gomme à impôt choisir pour apaiser votre pression fiscale.

8

LES NOUVEAUX PLACEMENTS : ÊTRE DANS LE COUP SANS PRENDRE DE COUPS

Le monde a changé. Les placements ont changé aussi. Les placements existants se sont transformés mais de nouveaux placements sont également apparus. Je ne parle évidemment pas des placements farfelus ou dangereux que l'Autorité des marchés financiers épingle régulièrement et que vous devez éviter à tout prix. Non, je parle des placements 2.0, des placements « nouvelle vague » qui sont nés, entre autres, avec l'économie de partage. Le crowdfunding. Véritable succès et phénomène de société aux États-Unis, il touche également la France aujourd'hui. Le crowdfunding désigne toute activité de financement participatif. Il repose sur la mise en relation d'entrepreneurs, de créatifs (ou tout autre porteur de projet) en mal de trésorerie avec des investisseurs ou des donateurs qu'ils soient particuliers ou professionnels. Il se divise en 3 grandes branches : l'investissement, le prêt (crowlending) et le don. Avec 79 millions d'euros, le crowdfunding représente le plus gros marché avec plus de la moitié des fonds collectés au premier semestre 2017, avec une progression de 78 % par rapport au premier semestre 2016 (selon le Baromètre du crowfunding en France, réalisé par KPMG et Financement participatif France).

Lendix, Lendopolis, Unilend, Credit.fr, Younited... Ces noms ne vous disent peut-être pas encore grand-chose, mais il s'agit des acteurs importants et intéressants de ce nouveau segment de placement en France.

Le crowdlending

Diagnostic

En théorie c'est un win-win pour les entreprises et les particuliers. Les entreprises ont accès à une source de financement plus flexible que le crédit bancaire, mais plus onéreux. Les particuliers, eux, ont accès à un placement dont les taux sont plus élevés, 4 à 9 % en général, compte tenu du risque lié aux entreprises emprunteuses.

Il y a aujourd'hui des dizaines de sites de crowdlending, qui permettent à des particuliers de prêter à des entreprises, principalement des TPE et des PME, mais ce « placement » n'est pas encore grand public, du fait de son caractère récent et innovant. Il est pour l'instant utilisé par une catégorie de particuliers relativement limitée.

Les plateformes de prêts sont assez récentes et nous n'avons pas encore un recul suffisant pour évaluer avec certitude le taux de défaut, le taux d'entreprises qui ne pourront pas rembourser leurs crédits, la casse, surtout dans un contexte économique qui deviendrait difficile.

Recommandations

C'est un placement intéressant mais qui doit être réduit à un pourcentage limité de vos liquidités. Nous ne sommes pas ici face à une alternative du livret A. Ce placement présente un risque et il a une liquidité qui est réduite et qui dépend évidemment de la durée du prêt.

Comparaison des plateformes de crowdlending

Rang	Plateforme	Montant prêté (2016)	Montant prêté (2017)	Évolution	Nb dossiers	Montant moyen	Durée moyenne (mois)	Taux moyen (%)
1	Lendix (*)	33 665 231	48 793 192	+ 45 %	112	435 653	51	6,76
2	Credit.fr	4 496 000	10 498 300	+ 133 %	133	78 935	43	7,48
3	Lendosphère	7 477 968	7 305 250	– 2 %	20	365 263	37	4,88
4	Unilend	5 324 500	6 075 420	+ 14 %	76	79 940	34	6,9
5	Look&Fin (*)	2 495 000	3 814 000	+ 53 %	13	293 385	39	7,14
6	Lendopolis	4 112 000	3 691 200	– 10 %	44	83 891	48	7,87
7	Bolden	668 000	3 167 000	+ 374 %	54	58 648	25	7,77
8	Wesharebonds	700 000	2 400 000	+ 243 %	9	266 667	41	6,72
9	Pretup	1 500 289	2 106 292	+ 40 %	50	42 126	31	8,35
10	Les Entre-prêteurs	341 600	1 150 900	+ 237 %	32	35 966	36	7,94
11	Prexem	1 069 000	961 000	– 10 %	21	45 762	29	7,42
12	Investbook	268 000	218 500	– 18 %	4	54 625	48	9,13
13	Gwenneg	N/A	179 643	N/A	4	44 910	32	6,88
14	Solylend	N/A	140 000	N/A	2	70 000	18	5
15	Tributile	471 750	45 000	– 90 %	2	22 500	30	3

Source : crowdlending.fr

** Uniquement les dossiers financés en France*

Il faut bien sélectionner sa plateforme, en fonction de sa solidité financière (ses fonds propres) et en fonction de sa sélectivité des dossiers (un taux est généralement communiqué). Certaines plateformes comme Lendix prêtent à vos côtés une partie de leurs capitaux : si le dossier de prêt plante, vous perdez de l'argent mais elles aussi, ce qui les rend sûrement plus prudentes.

Il faut « saupoudrer » pour limiter votre risque : il vaut mieux investir 20 tickets de 250 euros qu'un ticket de 5 000 euros. On n'est pas au casino, on ne mise pas tout sur le rouge ou sur le noir.

Vérifiez également bien les frais qui sont à votre charge. Ils peuvent parfois être dissuasifs.

Les monnaies virtuelles ou crypto-monnaies

Diagnostic

Je vais vous faire un aveu.

Je n'ai pas d'opinion sur les monnaies virtuelles.

Je suis partagé entre ceux, comme Jamie Dimon, le patron de la très célèbre banque américaine JPMorgan, qui considèrent qu'il s'agit de l'escroquerie du siècle et ceux qui pensent que les monnaies virtuelles vont remplacer les monnaies classiques, les monnaies fiduciaires.

C'est un sujet complexe. Mais un sujet devenu incontournable.

Les fluctuations, délirantes, du bitcoin, la plus célèbre des crypto-monnaies, font souvent la une de l'actualité financière et on ne peut pas ignorer cette innovation majeure dans le monde de l'argent.

Essayons de comprendre ensemble ce qu'est une monnaie virtuelle.

Une monnaie virtuelle est créée à partir d'une technologie informatique appelée « blockchain ».

La blockchain (ou « chaîne de blocs de données ») est une technologie de stockage et de transmission d'informations sécurisée et fonctionnant sans organe central de contrôle. Elle représente l'équivalent d'un immense registre virtuel public, totalement anonyme dans lequel on trouve toutes les transactions effectuées par les utilisateurs.

Une monnaie virtuelle est, par définition, une monnaie sans support physique (pièces ou billets). Une monnaie virtuelle n'est pas régulée par une banque centrale. Ces crypto-monnaies n'ont aucun cours légal, elles s'échangent et peuvent servir de moyens de paiement quand elles sont acceptées. Les trois principales monnaies virtuelles, classées par leur « capitalisation », sont le bitcoin, l'ethereum et le ripple mais on en dénombre des centaines et il s'en crée presque tous les jours.

Ces monnaies ont, comme le souligne le Fonds monétaire international, leur intérêt. Elles pourraient être utilisées à la place d'une devise étrangère par des pays dont la monnaie nationale est instable et dont les institutions sont faibles. Mais elles souffrent d'une réputation souvent sulfureuse car elles sont utilisées à des fins de blanchiment. Ce qui explique la lutte sans merci que mène la Chine contre ces monnaies considérées comme une source massive d'évasion fiscale.

Par ailleurs, elles sont souvent aussi très volatiles.

Recommandations

Il faut s'intéresser au sujet. Les monnaies virtuelles vont un jour devenir de véritables instruments d'échange et de paiement. Mais personne ne sait quelle monnaie existera encore dans quelques années et à quoi elle ressemblera. Tant qu'aucune régulation n'existe sur le marché, je ne recommande pas à un investisseur non averti d'en acheter.

Il ne s'agit pas d'un investissement, mais d'une pure spéculation. Comme dans toute spéculation, une bulle peut se former et quand elle explose, les dommages sont colossaux.

Pour les investisseurs avertis donc : Où acheter les crypto-monnaies ?

Les plateformes de trading (notamment Coinbase ou Paymium qui acceptent les paiements par CB et Kraken qui fonctionne par virement SEPA) sont les plus connues. Elles permettent d'effectuer des achats au prix du marché avec des commissions modestes. Ces plateformes, qui tiennent des comptes en euros, doivent être adossées à un établissement de crédit, de paiement ou de monnaie électronique agréé par l'ACPR. Les formalités d'inscription sont généralement assez contraignantes.

Pour acquérir des crypto-monnaies dont le célèbre bitcoin, il est possible d'utiliser les plateformes de séquestre (bitcoin.de, localbitcoins, BitBoat...). Elles mettent en relation les acheteurs et les vendeurs et ne tiennent pas de comptes en euros. Avantage de ces plateformes, les moyens de paiements sont variés : espèces, mandat compte de la Poste, virement bancaire. En revanche, les prix de vente sont souvent supérieurs à ceux du marché.

Pour acheter des crypto-monnaies, les points de vente à sens unique (coinhouse.io, bitit.gift) peuvent faire figure d'eldorado. Sens unique, parce qu'il est impossible d'y vendre des bitcoins. L'achat y est par contre très simple.

Si l'achat de crypto-monnaies sur Internet vous rebute, les maisons de change physiques vous accueillent à bras ouverts. On peut citer la Maison du bitcoin qui n'est autre que le premier bureau de change euro-cryptomonnaies créé en France. Ce comptoir physique permet d'acheter ou de vendre des bitcoins, des ethers ainsi que 200 autres crypto-monnaies facilement, en quelques minutes.

Pour ceux qui n'ont pas froid aux yeux, le CFD sur les crytomonnaies comme le bitcoin ou l'etherum est accessible via les plateformes connues pour trader à moindre coût sur ces produits (avatrade, etoro, IG market). Et depuis peu, les deux principaux marchés à terme de Chicago, le Chicago Mercantile Exchange et le Cboe Chicago, ont ouvert au mois de décembre des contrats à terme sur le bitcoin.

Coup de gueule
Le bitcoin n'est pas pour tout le monde !

Plus un jour ne passe sans qu'une connaissance me pose les deux mêmes questions : « Tu penses quoi du bitcoin ? », et, dans la foulée, alors que je n'ai généralement pas eu le temps de dire quoi que ce soit, « Tu conseilles d'en acheter ? ». Je ne sais pas quoi répondre… Ou je rétorque toujours la même chose depuis que le bitcoin vaut 3 000 dollars : « C'est ultra spéculatif ; dangereux donc. » Et il touche en décembre 2017 les 20 000 dollars avant de s'effondrer à 6 000 dollars en février 2018… Que des quadragénaires en mal de frissons, des trentenaires en mal de révolution et que des jeunes en mal de start-up s'intéressent aux monnaies virtuelles, cela ne m'agace pas : si leur enthousiasme leur coûte quelques milliers d'euros, ce sera le risque du « métier ». Non, ce qui m'énerve, c'est de voir que maintenant que le bitcoin fait la une des journaux et des JT et que chacun y va de sa petite histoire d'un copain qui connaît un copain qui connaît un copain qui acheté quelques bitcoins à quelques euros il y a quelques années et a fait fortune et s'est arrêté de travailler. C'est ainsi que des petits épargnants sont prêts à retirer ou ont déjà retiré toutes leurs économies de leur livret A pour miser sur cette monnaie. Ils pensent qu'ils ne peuvent que gagner. Certes, ils peuvent gagner 10 fois leurs mises mais ils peuvent tout perdre… Alors « jouez » ou « investissez » sur le bitcoin si vous voulez, mais n'y mettez pas plus de 2 à 5 % de vos liquidités ! Par pitié !

J'espère que vous y voyez plus clair.
Sur l'environnement qui a changé.
Sur les placements qui vous correspondent le mieux.
Sur la façon de gérer mieux votre argent pour gagner plus.
Car tous ces changements sont des sources d'opportunités.
Mais je suis sûr que vous avez encore des questions.
En voici quelques-unes que vous devez vous poser.

PARTIE IV

LES 10 QUESTIONS CRUCIALES À VOUS POSER SUR VOTRE ARGENT

1

À QUEL ÂGE DOIT-ON COMMENCER À ÉPARGNER ?

Cette question est la tarte à la crème des guides de placements. Et la réponse habituelle à cette question est encore plus téléphonée :

Il n'y a pas une réponse à cette question mais une multitude de réponses dans un monde qui change.

Évidemment, mieux vaut commencer à épargner le plus tôt possible car en matière d'épargne, la durée est votre alliée. Mais de là à conseiller à des jeunes qui viennent d'entrer dans le monde du travail de commencer à épargner pour leur retraite... quelle déprime ! Surtout que cette retraite n'aura pas lieu avant 65 voire 68 ans...

Non, il faut tenter – j'insiste sur le mot « tenter » – d'épargner dès que le solde entre vos dépenses (qu'il va falloir contenir de façon un peu arbitraire à un moment de votre vie) et vos revenus sera positif. C'est souvent le cas en tout début de carrière : on a un salaire, mais on continue à vivre pendant quelques années comme un étudiant et on n'a pas de charges familiales. Ces années sont précieuses pour se constituer un petit pécule. Puis suit une dizaine d'années qui pour la plupart des jeunes est une période d'ajustement entre les revenus et des charges en forte augmentation. C'est ensuite qu'il est impératif d'épargner. Salutaire. Obligatoire. À partir de 35 ans environ. Soit sous forme d'épargne forcée avec un crédit immobilier pour la résidence principale. Soit sur des placements comme ceux que je vous ai décrits.

☛ **Il n'y a pas d'âge pour commencer à épargner, mais il y a un âge où on ne peut plus ne pas épargner.**

2

UN SENIOR DOIT-IL PRIVILÉGIER LA TRANSMISSION ?

C'est un sujet essentiel. Central pour tous les seniors.

Là encore, les « guides de placement » sont formels : il faut, dès 55 ans, et au plus tard à 65 ans, tout organiser pour transmettre à ses enfants ou à ses petits-enfants.

Mais cette réponse standard est en total décalage avec l'évolution de la démographie et en particulier l'allongement spectaculaire de la durée de vie.

On ne peut plus raisonner de la même façon quand l'espérance de vie est passée 65 à 80 ans.

Non. La transmission n'est plus la priorité des seniors. Et je le constate de plus en plus quand je rencontre des épargnants retraités ou très seniors.

Dans la liste des priorités, la transmission a tendance aujourd'hui à passer après la dépendance et surtout l'indépendance.

À 60 ans ou 65 ans, votre souci n'est plus seulement de transmettre. Il est de pouvoir financer vos années de retraite, avec des retraites qui seront inexorablement en baisse, et de pouvoir être totalement indépendant le plus longtemps possible et surtout ne jamais devoir dépendre financièrement de vos enfants.

Oui. Il faut organiser sa transmission comme on l'a vu, notamment en cas de disparition brutale.

Mais vous devez surtout penser à ne pas peser sur les finances de vos enfants qui, quand ils auront 60 ou 70 ans, seront eux aussi sous la pression de leurs propres retraites et sous la pression de l'aide nécessaire à leurs enfants et petits-enfants.

La place de la transmission et de la dépendance a bouleversé le paysage des placements.

3

DOIT-ON GÉRER SEUL SON ARGENT OU FAIRE APPEL À UN CONSEILLER ?

Une partie de ceux qui me lisent doivent se dire qu'avec le montant des économies qu'ils ont, aucun conseiller ne voudra s'intéresser à eux. Ils ont tort.

On peut distinguer trois catégories principales de conseillers : les « conseillers » bancaires, les banquiers privés et les conseillers en gestion de patrimoine indépendants (CGPI).

Les conseillers bancaires

Vaste sujet. Il ne faut pas généraliser. Une large majorité est très compétente. Seulement, ils sont confrontés au problème de la rentabilité. Ils ne peuvent pas consacrer trop de temps à des clients « normaux » mais surtout, on leur impose de privilégier la vente de produits « maison » à plus forte marge. L'alignement des intérêts n'est donc pas automatique. Vous pouvez les utiliser si vous avez besoin de renseignements mais leurs conseils seront rarement désintéressés… Et cela si vous arrivez à les joindre après avoir tapé le 1, le 6, le 4, le 3 et * sur votre clavier et être tombé sur une boîte mail parce que vous avez appelé en période d'aqueduc entre le 1er mai et le 15 août.

Les banquiers privés

Le monde a un peu changé dans ce domaine aussi. Avant, la « banque privée » était destinée aux riches, aux *high* et *ultra high net worth individuals*. C'est toujours le cas pour les plus grandes banques privées, les plus réputées. Elles offrent souvent un service de qualité pour lequel elles se rémunèrent d'ailleurs bien. Mais là, vous devrez, même si on vous annonce des seuils minimum de 500 000 ou 1 million d'euros, avoir en fait un patrimoine financier qui dépasse largement les 3 millions d'euros, voire les 5, pour bénéficier d'un vrai service sur mesure. En dessous de ces seuils, ce sera de la demi-mesure, voire du prêt-à-porter – haut de gamme certes mais du prêt-à-porter.

Les conseillers en gestion de patrimoine indépendants (CGPI)

Contrairement à la Grande-Bretagne ou aux États-Unis, ces conseillers ne sont pas encore suffisamment connus en France.

Ils sont plusieurs milliers. Avec des cabinets de tailles extrêmement variées, très souvent une à deux personnes jusqu'à plusieurs centaines pour les regroupements ou les plus gros cabinets.

Ils fournissent un service extrêmement large de l'audit patrimonial jusqu'au conseil en allocations en passant par la fourniture des placements adaptés à vos besoins.

Avec l'explosion de l'Internet, et notamment le développement des conseillers en ligne ou omnicanal (Internet et physique), ils sont accessibles dès les premiers milliers d'euros d'épargne.

Ne soyez pas complexés : les CGPI ne sont pas des banquiers privés, il y en a pour toutes les tailles de patrimoine.

N'hésitez jamais à en consulter deux ou trois pour vous faire votre propre opinion et décider par vous-mêmes s'ils peuvent vous être utiles. Je pense que c'est le cas, car ces conseillers sont, pour la plupart, indépendants et leurs intérêts sont alignés avec les vôtres. Et leur coût d'intervention est limité et souvent en fonction de l'encours de vos placements.

4

FAUT-IL CONSACRER DU TEMPS À LA GESTION DE VOTRE ARGENT ?

Désolé, mais ma réponse va sentir le coup de gueule.

Vous vous dites : « Ah, ces histoires d'argent, ça ne m'intéresse pas du tout » ou « Je n'y comprends rien » ou encore « Je n'ouvre jamais mon courrier sur mes placements ».

En 2018, une telle attitude est tout bonnement INACCEPTABLE.

Je ne vous demande pas de passer vos journées sur des écrans de trading, de lire quotidiennement le *Financial Times* et d'être branché 24 h sur 24 sur BFM Business. Mais **vous devez, VOUS DEVEZ !, consacrer quelques heures par mois à votre argent.**

Car aujourd'hui et surtout demain, les revenus que vous tirerez de vos économies vont devenir une part essentielle de vos revenus globaux.

Et même si vous êtes aidés par un conseiller, vous devez faire vos devoirs. Suivre l'évolution de vos placements, régulièrement. Vous poser la question à intervalles réguliers de savoir si votre situation a évolué, si votre profil a évolué, si vos besoins ont évolué et observer si votre gestion est toujours adaptée. Vous devez également lire, au moins un peu, un tout petit peu, les nouvelles économiques ou les écouter à la radio.

5

FAUT-IL DONNER DE SON VIVANT ?

Donner ? De son vivant ? Il existe une multitude de formes et de types de donations, comportant chacun, leurs modalités propres. Le donateur doit être sûr de sa décision. Si cet acte, généreux, permet d'aider le bénéficiaire, il est néanmoins lourd de conséquences, car l'acte de donner est « irrévocable ». Concernant la forme, la donation est généralement rédigée par un notaire.

Donation simple ou donation-partage ?

C'est un choix qui peut se révéler cornélien... La donation simple consiste à donner un bien à chacun de ses enfants. La donation-partage, elle, consiste à prévoir dans un même acte la répartition de tout ou partie de ses biens au profit de ses héritiers présomptifs, c'est-à-dire les futurs héritiers possibles du donateur : enfants, petits-enfants, père, mère, frères et sœurs. Il y a une différence et non des moindres entre les deux types de donation. Alors que dans la donation simple, la valeur du bien est calculée au moment de la succession, la donation-partage fige au contraire la valeur des biens à celle déclarée à l'acte de donation. Un avantage de taille pour la donation-partage, notamment dans le cas de la transmission de biens immobiliers. Elle est à privilégier car elle balaye d'un revers de main la réévaluation du bien immobilier au moment du décès. Surtout quand on connaît les tendances du marché immobilier dans les zones tendues... À noter cependant que la donation partage ne permet de figer la valeur des biens donnés qu'à la condition que tous les enfants (vivants ou représentés) soient allotis à l'occasion de cette donation et qu'aucune réserve d'usufruit sur la somme d'argent ne soit prévue à l'acte de donation.

Cette exigence n'est pas sans poser de difficultés en cas de naissance d'un nouvel enfant après une première donation-partage réalisée au profit des premiers enfants.

Donation en pleine-propriété ou démembrement ?

C'est l'autre question que doit se poser le donateur avant de transmettre son ou ses bien(s). Dans le cas de la pleine-propriété, la transmission revient à se séparer totalement du bien. Le donateur cède au bénéficiaire le droit d'utiliser le bien en question mais aussi d'en percevoir les revenus (loyers...) et d'en disposer. Le démembrement, en revanche, permet de séparer la nue-propriété de l'usufruit. La nue-propriété est le droit de disposer d'un bien (qui permet d'en faire ce que bon lui semble : le détruire ou le vendre), mais pas de l'utiliser, c'est-à-dire en avoir la jouissance ou en percevoir les revenus. L'usufruit est le droit d'utiliser un bien, d'en percevoir les revenus sans avoir le droit d'en disposer puisqu'il doit le rendre au nu-propriétaire à l'extinction de son usufruit

Avec la technique du démembrement, il est ainsi possible au donateur de ne transmettre, temporairement ou pas, que la nue-propriété. Il serait recommandé à des propriétaires dont le patrimoine reste modeste de se réserver l'usufruit.

Ainsi, ils auraient toujours la possibilité de percevoir des loyers afin de compléter leur retraite.

Résumé des avantages fiscaux des donations

— Abattement de 100 000 € (comme pour la succession) par parent et par enfant, celui-ci se régénère au bout de 15 ans. D'où l'intérêt de donner le plus tôt possible afin de renouveler l'opération dans la mesure de sa propre protection.

— Abattement de 31 865 € par parent et par petits-enfants. À noter, que cet abattement diminue à 1 594 € à la succession, d'où l'intérêt de le réaliser de son vivant.

— À ces abattements généraux, s'ajoute un abattement en numéraire de 31 865 € par parent. Ce don en somme d'argent s'adresse aux enfants et petits-enfants à condition que les bénéficiaires soient majeurs et que les donateurs aient moins de 80 ans. Pour les personnes sans enfants, l'abattement de 31 865 euros peut s'appliquer également en cas de donation de somme d'argent avant 80 ans au profit de neveux et nièces à la condition qu'ils soient majeurs.

☛ **Alors, donner de son vivant, oui. Mais faites le bon choix.**

6

DOIT-ON PRENDRE PLUS DE RISQUES AUJOURD'HUI ?

Malheureusement, oui.

Le taux sans risque, le taux de rémunération de vos placements sans aucun risque, est proche de zéro.

Des placements sans risque comme les livrets réglementés rapportent de moins en moins.

Heureusement il y a toujours les fonds en euros de vos contrats d'assurance-vie qui peuvent vous rapporter plus de 2 %, ce qui, dans un contexte de taux nuls et d'inflation basse, reste attractif.

Mais vous avez besoin de rendements supérieurs.

Et qui dit rendement supérieur, dit risque supérieur.

C'est une évidence mais mieux vaut le rappeler car certains d'entre vous croient encore au Père Noël et aux placements qui rapportent 5 à 10 % « sans risque ». À fuir évidemment...

Oui, donc. Vous devez prendre plus de risques.

La gestion des épargnants français est ultraconservatrice avec une masse d'argent dans les comptes courants, les livrets et les fonds en euros des assurances-vie.

Mais depuis deux ans, avec la baisse des rendements, les choses évoluent.

La part des unités de compte, par exemple, dans les contrats d'assurances-vie est en hausse constante.

Les Français reprennent également goût à la bourse, directement ou indirectement.

Attention : toute prise de risque doit être bien comprise. Ne vous lancez pas sans réfléchir.

Et elle doit être adaptée à votre profil de risque et notamment à votre âge. Il est certain qu'à 35 ans la part des placements boursiers dans vos économies peut être largement supérieure qu'à celle que vous pourrez détenir à votre retraite.

☛ **Plus vous prenez de risque, et vous devez prendre une part de risque, plus vous devez être vigilants et suivre vos placements.**

7

L'ÉTAT PEUT-IL PRENDRE UNE PARTIE DE VOTRE ÉPARGNE ?

C'est une question qu'on nous pose régulièrement. Moins depuis que le spectre de la crise s'est éloigné mais c'est un souci constant des épargnants français.

Le raisonnement est simple : la dette de l'État français n'en finit pas déraper du fait des déficits publics qui nous plombent depuis plus de 40 ans.

Et face à la dette de l'État il y a un actif facilement identifiable qui pourrait servir de « garantie » : votre épargne. L'épargne financière des ménages français « couvre » largement la dette de l'État. Près de trois fois.

Dés lors, la crainte est justifiée : si l'État devait être en difficulté, sous la pression des créanciers internationaux comme l'ont été pendant la crise de la zone euro, la Grèce, l'Espagne, le Portugal ou l'Irlande, le gouvernement n'aura qu'à « confisquer » arbitrairement une partie de l'épargne pour rembourser une bonne partie de la dette. Chypre l'a fait.

Ce scénario est possible. Peu probable mais possible.

Mais il faudrait une déflagration encore plus violente que celle que nous avons connue il y a 10 ans.

Et gardez à l'esprit qu'aujourd'hui, la Banque centrale européenne joue le rôle de pompier de service et pourrait encore intervenir massivement pour éteindre un incendie sur la dette française.

Donc peu de chances qu'on vienne ponctionner une partie de votre épargne.

Surtout qu'en fait il est plus simple de faire ce que l'État fait depuis des décennies : ponctionner l'épargne chaque année par différents impôts et taxes plutôt que de ponctionner brutalement l'épargne d'un coup. Cela passe inaperçu ou presque et on arrive au même résultat.

L'État ne devrait donc pas avoir besoin de confisquer une partie de votre épargne pour régler ses problèmes de dettes, mais il le fait déjà, progressivement et discrètement.

8

FAUT-IL UN CONTRAT DE MARIAGE ? FAUT-IL EN CHANGER ?

Trop de couples n'ont pas de contrat de mariage ou n'ont plus le contrat de mariage adapté à leur situation. Les raisons du choix du contrat à 30 ans ne sont plus d'actualité des dizaines d'années plus tard. On note notamment beaucoup de régimes séparatistes vivant au quotidien comme des communautaires en vieillissant.

Le régime communautaire

Le grand principe est que tous les biens acquis et toute la richesse produite pendant le mariage sont communs. En revanche, les biens acquis par les époux avant le mariage ou reçus de leur famille sont propres. Il en va de même du passif.

Le régime séparatiste

Contrairement au régime communautaire, il n'y a aucun patrimoine commun entre époux. Les biens sont répartis en trois masses : les biens propres M., les biens propres Mme et les biens indivisibles. Il sera également possible pour le couple de prévoir la constitution d'une société d'acquêts au sein de leur séparation de biens, c'est-à-dire de créer, pour des biens déterminés à l'avance, une « petite communauté » au sein de la séparation de biens.

La participation aux acquêts

On vit en séparation de biens mais on finit en communauté. En d'autres termes, pendant le mariage tout fonctionne comme si le couple était marié en séparation de biens. Mais en fin de mariage, l'on procède à une opération comptable permettant de mesurer la richesse produite par chaque époux pendant le mariage afin que celui qui a produit le plus fasse un chèque à celui qui a produit le moins. Cela revient, à quelques nuances près, à ce que comptablement le résultat soit le même que dans une communauté mais avec les avantages de la séparation de biens durant le mariage (chacun ses biens, chacun ses dettes).

La communauté universelle

Tous les biens, présents et à venir, possédés par les époux sont mis en commun, quelle que soit la date d'acquisition (avant ou après le mariage), leur origine (achat, donation, etc.) et leur mode de financement. À noter cependant que la famille de chaque épox pourra toujours prévoir par testament ou dans l'acte de donation qu'ils souhaitent que le bien reçu par donation ou succession ne puisse en aucun cas entrer dans la communauté universelle (ce type de clause sera très utile aux parents qui souhaiteraient éviter que le patrimoine familial sorte de la famille). Attention à bien vérifier la présence ou non d'une clause d'attribution intégrale au survivant.

Les situations spécifiques

Le préciput. Il s'agit d'un avantage matrimonial. Il est prévu de manière claire et précise dans le contrat de mariage.

Il permet au survivant, avant tout partage de la communauté (ou de la société d'acquêts) de venir, s'il le souhaite, prélever la totalité d'un bien, en vue de se le faire attribuer. Il peut être parfois confortable sur la résidence principale afin d'éviter la cohabitation entre des enfants et le conjoint survivant.

Le PACS. L'abattement donation entre pacsés est de 80 000 €. La grande différence avec le mariage est la remise en cause des donations passées en cas de rupture dans l'année du pacs afin d'éviter les abus. Le partenaire peut recevoir des biens par testament mais si le défunt avait des héritiers réservataires il va buter sur la quotité disponible et la réserve héréditaire. Alors que l'époux bénéficie de la quotité disponible spéciale entre époux qui est plus importante que la QD ordinaire.

La donation au dernier vivant est la source de beaucoup de confusions depuis la réforme du mariage de 2001. En effet, pour les couples qui n'ont que des enfants communs, son impact a largement disparu. Pourtant, elle reste mal comprise pour les couples concernés qui pensent être mieux protégés qu'ils ne le sont vraiment. Elle reste désormais à privilégier pour les couples ayant des enfants hors mariage afin d'éviter la seule option du quart de pleine propriété qui crée l'indivision et augmenter ainsi les droits du conjoint survivant pour lui permettre, par exemple, d'opter pour la totalité des biens en usufruit

Le testament est fortement recommandé pour les partenaires pacsés, célibataires, en absence d'enfant, ou dans les situations de handicap et plus généralement pour toutes les situations qui ne semblent pas être réglées par les outils traditionnels et en cas de conflits familiaux.

9

EXISTE-T-IL UNE GESTION FÉMININE DE L'ARGENT ?

Je sais qu'aborder ce thème n'est pas dans l'air du temps, il n'est pas politiquement correct.

Évoquer la notion de genre dans la gestion de l'argent en cette période de débat sur les différences, ou plutôt l'absence de différence, entre les sexes (et sur l'écriture inclusive) est un peu osé mais j'ose... Parce que ce sujet fait partie des changements majeurs que nous traversons.

Les femmes sont de plus en plus exposées à la gestion des économies.

Pour des raisons évidentes.

Du fait de la place grandissante et du succès grandissant des femmes dans la sphère du travail, l'épargne « féminine » croît à un rythme soutenu.

Du fait de l'explosion du nombre de divorces et de séparations, il y a de plus en plus de ménages monoparentaux.

Du fait de l'allongement de la durée de la vie et de l'écart persistant entre la durée de vie des hommes et des femmes (désolé, mais là il y a une différence entre les sexes), les femmes se retrouvent souvent seules, pour une durée assez longue, à devoir gérer de l'épargne.

J'observe la montée en puissance de ce phénomène depuis plusieurs années. Dans les présentations, les conférences sur les problématiques patrimoniales, la présence de femmes est de plus en plus marquée.

Les femmes ont pris conscience qu'elles devaient s'adapter à ce nouvel environnement et elles s'adaptent. Vite. Elles veulent comprendre, elles veulent savoir quelle sera leur situation dans 10 ans, 20 ans, 30 ans, en fonction des différents aléas de la vie, elles ont besoin de se projeter, plus souvent que les hommes qui se croient immortels et refusent souvent d'envisager « l'étape d'après ».

Les femmes montent donc en première ligne des problématiques patrimoniales.

Mais les femmes ont également une approche de la gestion des placements très différente. Plus simple, plus directe. Avec moins d'affect et plus de réalisme. Sans ego, ni besoin d'exhiber ses muscles, sans certitudes ou schémas pré-établis et à l'écoute des conseils avisés.

Elles ont compris une chose avant tout : le patrimoine est fait pour être « serein ». Ce qui signifie :

— Plus de prudence, moins d'appétence au risque.

— Une sensibilité à des placements plus tangibles (comme l'immobilier, même si ce n'est pas toujours cohérent en termes de confort, notamment en vieillissant).

— Un attachement possible à l'incarnation de leur patrimoine comme un héritage de leur histoire.

L'autre spécificité de la « gestion féminine », c'est l'importance de leur patrimoine dans leur relation aux enfants et petits-enfants : la transmission est souvent un objectif majeur, parfois même déraisonnablement majeur au risque d'oublier leurs besoins actuels ou à venir. (Transmettre trop, trop tôt,...) Elles souhaitent que l'élément patrimonial soit un objet familial d'adhésion commune, de discussion, un prétexte à se réunir.

10

QU'EST-CE QUE L'ANNÉE BLANCHE 2018 CHANGE POUR VOS PLACEMENTS ?

Vous l'avez certainement compris : avec le passage au prélèvement à la source en 2019, les revenus 2019 seront imposés en 2019. Et de nombreux revenus 2018 ne subiront donc jamais d'impôt.

Mais cela ne concerne pas les revenus du capital. Ils sont expressément exclus du dispositif de prélèvement à la source. Il faut dire qu'avec la mise en place de la flat tax à 30 %, ils subiront déjà, et dès 2018, un impôt à la source. Dividendes, intérêts, plus-values mobilières et immobilières, etc., n'échapperont pas à l'impôt en 2018.

En revanche, les revenus immobiliers (revenus fonciers et revenus BIC) sont concernés par le prélèvement à la source. En 2019, vous allez payer un acompte chaque mois sur ces revenus. En 2018 aussi (acompte mensuel ou tiers provisionnel) mais sur les revenus 2017. Les revenus 2018 échappent donc à l'impôt sur le revenu. Le propriétaire bailleur pourrait par conséquent en profiter pour maximiser les revenus perçus même si en pratique cela paraît compliqué. Reporter les travaux ? Le gouvernement y a pensé et a prévu que sur les revenus 2019, le montant des travaux déductibles sera égal à la moyenne des travaux réalisés en 2018 et en 2019. Alors c'est vrai que si un investisseur achète un bien le 1er janvier 2018, le met en location puis le vend le 31 décembre 2018, il ne payerait aucun impôt sur ses revenus. Mais ce n'est pas forcément un bon calcul en termes de frais, sans compter que l'administration fiscale pourrait toujours requalifier les revenus en revenus exceptionnels.

Les placements offrant une réduction d'impôt (Ex. FCPI-FIP, Sofica...) fonctionnent toujours. Si vous n'avez pas de revenus exceptionnels imposés en 2018 mais que vous avez obtenu une réduction d'impôt, l'administration fiscale vous fera un remboursement.

Enfin, l'épargne retraite sera fortement plus pénalisée pendant l'année blanche. Et notamment les produits (PERP, Madelin, Article 83) dont l'intérêt principal est de pouvoir déduire de son revenu imposable les versements qui y sont effectués (dans certaines limites) et en contrepartie d'un blocage jusqu'à la retraite. Mais si les revenus de 2018 ne sont pas imposés au titre de l'année blanche, les déductions qui permettent de réduire ces revenus n'ont aucun intérêt. Aucun. Alors que les fonds sont bloqués à la retraite. Pourquoi placer dans un produit bloqué jusqu'à la retraite, sans aucune incitation ? Investir dans un produit d'épargne retraite en 2018 ne présente donc aucun intérêt.

Si les professionnels de l'épargne retraite souhaitaient que le gouvernement mette en place une autre incitation pour éviter une chute des cotisations en 2018, l'État a préféré le bâton à la carotte : pour éviter que les contribuables ne suspendent leurs versements jusqu'en 2019, les députés ont voté une mesure anti-optimisation : si le montant versé en 2018 est inférieur à la fois à celui versé en 2017 et à celui versé en 2019, le montant des versements déductibles pour l'imposition des revenus de 2019 sera égal à la moyenne des sommes versées en 2018 et 2019. Une mesure qui, en pratique, va inciter les épargnants à retarder leurs versements à 2020...

CONCLUSION

Voilà, c'est fini.

Je pense que je vous ai dit tout ce que je voulais vous dire.

Je suis fasciné par la rapidité avec laquelle tout change et à quel point tous ces changements ont un impact sur la gestion de votre argent.

Comme pour tous les changements, on peut subir. Et se plaindre.

Ou on peut considérer que chaque changement est une opportunité.

C'est ce que je pense.

Et c'est ce que j'ai voulu vous transmettre dans ce livre.

Le monde change : gérez mieux votre argent, gagnez plus !

ANNEXE

L'épargne de sécurité en détail

LDDS (Livret de développement durable et solidaire)	
Condition d'ouverture	Un seul livret par personne physique, majeure ou mineure
Versement initial minimum	15 euros dans la plupart des banques
Obligation de versements	Aucune
Plafond de versements	12 000 euros
Frais	Aucun
Rendement	Fixé par l'État. Depuis le 1er août 2016 : 0,75 %, quelle que soit la date d'ouverture
Disponibilités	Retraits libres à tout moment (généralement 10 ou 15 euros minimum par retrait)
Durée maximum	Aucune limite
Encours	102,9 milliards d'euros fin octobre 2017 (chiffre Caisse des Dépôts)

LEP (Livret d'épargne populaire)	
Condition d'ouverture	Condition de revenu : plafond de revenu 2016 de 19 275 euros pour une part de quotient familial + 5 147 euros par demi-part supplémentaire. Un seul livret par personne physique, majeure ou mineure.
Versement initial minimum	30 euros
Obligation de versements	Aucune
Plafond de versements	7 700 euros
Frais	Aucun
Rendement	Fixé par l'État. Depuis le 1er août 2016 : 1,25 %, quelle que soit la date d'ouverture.
Disponibilités	Retraits libres à tout moment (10 euros minimum par retrait)
Durée maximum	Aucune limite, tant que l'on respecte la condition de revenus
Encours	44 milliards d'euros fin mai 2017 (chiffre Banque de France)

CEL (Compte épargne logement)	
Condition d'ouverture	Un seul plan par personne physique, majeure ou mineure
Versement initial minimum	300 euros
Obligation de versements	Aucune
Plafond de versements	153 000 euros
Frais	Aucun
Rendement	Fixé par l'État. Depuis le 1er août 2016 : 0,5 %, quelle que soit la date d'ouverture. Droits à prêt et prime d'État si crédit immobilier à la sortie, si le CEL a plus de 18 mois.
Disponibilités	Retraits libres à tout moment (75 euros minimum par retrait)
Durée maximum	Aucune limite
Encours	Environ 29,2 milliards d'euros fin 2016 (chiffre Banque de France)

LIVRET JEUNE	
Condition d'ouverture	Condition d'âge : avoir entre 12 et 25 ans au moment de l'ouverture du livret. Un seul livret par personne physique, majeure ou mineure
Versement initial minimum	15 euros
Obligation de versements	Aucune
Plafond de versements	1 600 euros
Frais	Aucun
Rendement	Fixé par la banque (obligatoirement égal ou supérieur au taux du livret A)
Disponibilités	Retraits libres à tout moment (10 euros minimum par retrait)
Durée maximum	Jusqu'au 31 décembre suivant le 25e anniversaire
Encours	6,03 milliards d'euros fin mars 2017 (chiffre Banque de France)

LIVRET BANCAIRE	
Condition d'ouverture	Toute personne physique, mineure ou majeure, peut détenir un ou plusieurs livrets bancaires dans un ou plusieurs établissements
Versement initial minimum	10 euros
Obligation de versements	Aucune
Plafond de versements	Aucun légalement, mais un plafond contractuel peut être spécifié par la banque
Frais	Aucun
Rendement	Fixé par la banque : généralement entre 0,10 et 1 %. Certaines banques offrent des promotions (« super livrets ») sur des périodes courtes (ex. : 3 % pendant 2 mois)

Disponibilités	Retraits libres à tout moment (10 euros minimum par retrait)
Durée maximum	Aucune
Encours	160,4 milliards d'euros fin 2016 (chiffre Banque de France)

CAT (Compte à terme)	
Condition d'ouverture	Toute personne physique, mineure ou majeure, peut détenir un ou plusieurs comptes à terme dans un ou plusieurs établissements
Versement initial minimum	Défini par l'établissement (1 500 à 7 000 euros selon les banques)
Obligation de versements	Aucune
Plafond de versements	Aucun légalement, mais un plafond contractuel peut être spécifié par la banque
Frais	Aucun
Rendement	Défini par la banque : taux fixe (avec pénalité en cas de clôture avant l'échéance) ou taux progressif (la rémunération augmente à chaque trimestre ou chaque semestre)
Disponibilités	Aucun retrait partiel possible. Pénalités pour clôture avant le terme fixé par la banque
Durée maximum	Déterminée (de 1 mois à 5 ans) ou renouvelable (tous les 6 mois par exemple)
Encours	70,8 milliards d'euros fin 2016 (chiffre Banque de France)

SICAV MONÉTAIRE	
Condition d'ouverture	Nécessite l'ouverture d'un compte-titres dans un établissement bancaire. Il faut ensuite acheter sur ce compte des SICAV (soit les produits maisons de l'établissement bancaire, soit des SICAV gérées par une autre société de gestion).
Versement initial minimum	Selon la SICAV. On trouve des SICAV disponibles à partir de 100 euros (mais certaines ne sont accessibles qu'à partir de 100 000 euros)
Obligation de versements	Aucune
Plafond de versements	Aucun
Frais	Frais de courtage + droit de garde pris par l'établissement bancaire. Frais d'entrée et frais de gestion pris par la société de gestion
Rendement	Le gérant de la SICAV va essayer de battre les indices du marché monétaire : Eonia et Euribor. Actuellement, ces taux sont négatifs...
Disponibilités	Possibilité de vendre tout ou partie de ses SICAV monétaires à tout moment et de faire un retrait de son compte-titres
Durée maximum	Aucune
Encours	9,4 milliards d'euros fin 2016 (chiffre Banque de France)

REMERCIEMENTS

Merci à Yannick Hamon, le formidable patron du Conseiller en gestion de patrimoine, Monfinancier, pour sa connaissance exceptionnelle des problématiques patrimoniales et pour son aide précieuse.

Merci à Gauthier Maes pour ses recherches approfondies et sa disponibilité.

Merci à Laurent Cohen pour les graphes et merci à Sabrina Sadgui.

Merci aux publications économiques suivantes : *Les Échos*, *Challenges*, *Le Figaro Économie*, *Capital*, *Mieux vivre votre argent*, *Investir*, *Le Revenu*, *La Tribune* et BFM Business.

TABLE DES MATIÈRES

Composition et mise en pages
Nord Compo à Villeneuve-d'Ascq
Imprimé en France par Clerc 18200